RAFFAELLA FENOGLIO

LAUREARSI A TUTTE LE ETÀ

Come Riuscire a Laurearsi Conciliando lo Studio, il Lavoro e gli Impegni

Titolo

"LAUREARSI A TUTTE LE ETÀ"

Autore

Raffaella Fenoglio

Editore

Bruno Editore

Sito internet

www.BrunoEditore.it

Sommario

Introduzione pag. 5
Giorno 1: Quale motivazione ti spinge pag. 13
Giorno 2: Come è strutturata oggi l'università in Italia pag. 34
Giorno 3: Come organizzare il proprio tempo pag. 63
Giorno 4: Come affrontare lo studio pag. 95
Giorno 5: Come costruire le mappe mentali? pag. 124
Giorno 6: Come sostenere gli esami pag. 141
Giorno 7: Come preparare la tesi di laurea pag. 162
Conclusione pag. 197

Introduzione

Quando pensi di aver lasciato l'università a metà o, peggio, quasi alla fine, te ne penti? Ti demoralizzi quando vedi un tuo collega che, a parità di lavoro, ottiene un trattamento economico migliore del tuo per il solo fatto che è laureato? Da qualche tempo sei attratto da una materia, o professione, che non è la tua e vorresti saperne di più?

Bene, allora non indugiare oltre: buttati nel corso universitario che ti "calza" meglio e vedrai che ne sarai soddisfatto! Certo, ci sono dei *ma* che ti affiorano subito alla mente, ed ecco perché nasce questa guida. Ci sono passata anche io: lavoro, sposata e con un figlio, mi sono iscritta all'università a trentasette anni e, pur lavorando e organizzando famiglia, casa, scuola, sono riuscita a conseguire prima la laurea triennale e poi la specialistica.

Non sono ricorsa a quelle organizzazioni, seppur utili e ben strutturate, che ti facilitano lo studio aiutandoti nello svolgimento delle pratiche e nella preparazione. Mi sono detta: *«Ce la devi fare da sola.»*

«È incredibile: ma come hai fatto?» Mi chiedono tutti. Chiarisco subito che non sono dotata di memoria o doti sovrumane. Ho usato un mix vincente composto da:

- tonnellate di *motivazione*;
- forte *determinazione* nel raggiungere l'obiettivo;
- giuste *strategie* di studio;
- conoscenza dei *meccanismi universitari*;
- *organizzazione* quotidiana;
- pianificazione del *tempo*;
- metodi efficaci per *studiare*;
- *strategia* nel pianificare gli esami.

Prima di decidere se vuoi avventurarti in questa impresa, che, nonostante le mie premesse, è assolutamente possibile, dai un'occhiata a questo ebook.

Prima di tutto chiarisci bene a te stesso la motivazione che ti spinge a voler prendere in mano i libri a questo punto della tua vita. La meta è ambiziosa, ma la strada è in salita: quindi bisogna sapere bene *per quale ragione* ci si lancia in questo progetto.

Leggi il primo capitolo e fai un giro di *mouse* nei siti delle principali università e politecnici italiani. Troverai sicuramente qualche corso che ti solletica la curiosità e ti suscita interesse.

L'università è un groviglio di burocrazia e opportunità nel quale non pensi di districarti? Scorrendo il secondo capitolo capirai i meccanismi utili per arrivare alla laurea; come è *strutturata oggi l'università italiana*. Scoprirai le opportunità che offre in termini di titolo di studio e il significato di alcuni termini come *anno accademico* e *master di secondo livello*, ecc.

Potrai valutare se iniziare, come ho fatto io, questo percorso di studi in un'*università statale tradizionale* che offre molti servizi online (materiale didattico, iscrizioni, informazioni, modelli e certificazioni ecc.), oppure se seguire un corso presso un'*università online o telematica*, non statale, istituita con decreto ministeriale; o, ancora, se usufruire del network *NETTUNO*, la prima università televisiva e telematica d'Europa con due reti televisive e un portale didattico su internet.

Non rinunciare in partenza per mancanza di *tempo*! Ti sembrerà impossibile ora, ma riprendendo in mano le tue giornate e riorganizzandone gli impegni, troverai lo spazio per studiare. Ci sono certamente delle attività che puoi ottimizzare e altre che si possono eliminare. Nel terzo capitolo ti spiego come ho programmato i miei periodi di studio nella giornata, nelle settimane e nei mesi prima degli esami.

Sono partita da un *planning* che comprende tutti gli esami, dal momento in cui si comincia a studiare all'appello; e poi, dividendo e ritagliando, sono arrivata ai minuti quotidiani da dedicare ai libri. È importante anche l'organizzazione fisica dello spazio dedicato al materiale didattico.

Non pensare alla "difficoltà" dello *studio*: a volte è più complicato capire le funzioni del nuovo cellulare che cercare di memorizzare un testo universitario. A meno che non ti lanci nella fisica nucleare quando i tuoi interessi sono rivolti all'archeologia, vedrai come lo studio ti verrà del tutto naturale. Fai un salto al quarto capitolo.

Innanzitutto bisognerà che impari di nuovo ad applicarti sui libri:

anche per apprendere occorre avere un metodo preciso che rispetti i ritmi naturali della mente. Io ti suggerisco il mio, che è composto da più passaggi.

Comincerò parlandoti del *sistema Cornell* di "appuntazione", che prevede una scheda base sulla quale fare due passaggi di appunti. Poi ti illustrerò alcuni segni di *stenografia*, procedimento che ci viene tramandato fin dall'antica Roma, che serve per ridurre il tempo e lo spazio di scrittura. Ne coglierai l'utilità, tanto da usarlo anche nel quotidiano.

Ultimi giorni prima degli esami e un sacco di fogli di appunti... come fare? Usa le *mappe mentali*. Te ne parlerò nel quinto capitolo. Questi incroci fra il disegno di un bambino pasticcione e un polipo ti permetteranno di collegare fra loro i vari argomenti e concetti del tuo appello.

Le mappe sfruttano la parte destra-creativa del nostro cervello che di solito usiamo poco. Sono gerarchiche, colorate, concentriche, disegnate ecc. L'importante è che siano fatte in modo da evocarti una gran quantità di dati. Possono anche essere elaborate al computer, con indubbi vantaggi: ti indicherò un sito dove puoi scaricare dei software gratuiti nati appositamente. Vengono usate anche nella vita lavorativa per semplificare procedure o gerarchie.

Il tuo timore non è quello di riprendere gli studi, ma quello di sostenere l'esame? Fai un bel respiro profondo… Dedico il sesto capitolo proprio agli esami, perché so che tutti noi, giovani e non, abbiamo qualche incubo che riguarda questo aspetto. Ho un'amica di trentasette anni, laureata da più di dieci, che quando è sotto pressione sogna che la segreteria dell'università le telefona e le dice che la sua laurea non è valida e deve ripetere alcuni esami…

Raccogli tutte le informazioni possibili intorno all'appello e al professore. Se puoi, fatti dare anche degli appunti dai frequentanti. Fatti vedere dal docente andando ai colloqui o all'inizio delle lezioni. Ti consiglio vivamente di seguire l'esame nella sessione precedente, prendendo appunti sulle domande e sulle risposte. Nelle ventiquattr'ore prima dell'appello utilizza un piano di ripasso, senza strafare e, tantomeno, senza passare la notte sui libri. Usa il tuo rito scaramantico preferito, nel sesto capitolo troverai il mio. Adotta una strategia di attacco per superare l'imbarazzo di una risposta sbagliata o un'antipatia verso il professore.

E la *tesi di laurea* in che cosa consiste? Tutto l'ultimo capitolo è dedicato alla preparazione e alla discussione della tesi. Innanzitutto la tesi è una specie di maxi ricerca elaborata dallo studente su indicazione e con la supervisione di un docente che ti scegli personalmente quando sei a buon punto con gli esami. Ovviamente sceglierai una materia che ti interessa perché dovrai passare parecchio tempo su questo lavoro.

Ti suggerisco i luoghi in cui procurarti il materiale, e ti propongo alcune regole per la formattazione del testo. Ti preciso la divisione del lavoro in indice, sommario, introduzione e come indicare le note bibliografiche e i riferimenti. Infine faccio un cenno a come viene calcolato il voto finale di laurea.

Concentrati nel pensiero che solo con impegno, determinazione e organizzazione, tutte doti che certamente già possiedi, potrai conseguire una laurea. Quindi, se è questo che vuoi, *cominciamo*!

Seguimi, ti spiegherò come fare.

Il quotidiano *la Repubblica* ha pubblicato un articolo in cui si riportano dati diffusi dal Ministero dell'Università e della Ricerca sui nuovi iscritti negli atenei italiani. Nel 2005 i nuovi iscritti *over 30* erano più di 40.000, ed è una tendenza in crescita!!

Questo *trend* rientrerebbe nelle direttive del Consiglio Europeo di Lisbona, che si era posto come obiettivo un'attività di formazione per gli adulti tra i ventiquattro e i sessantacinque anni del 12 per cento entro il 2010. Negli USA era già l'11,9 per cento nel 2006!

Trovi tutto l'articolo a questo indirizzo: http://www.repubblica.it/2005/j/sezioni/scuola_e_universita/servizi/universitarilavorano/studenti-over-trenta/studenti-over-trenta.html.

GIORNO 1:
Quale motivazione ti spinge

Come mi è venuta in mente l'idea di laurearmi

Nel 2003 un'amica mi chiese di aiutarla a prepararsi per un concorso pubblico che avrebbe affrontato di lì a poco. Si trattava di spiegarle alcune materie che sono "pane quotidiano" per me ma che lei, infermiera professionista, non riusciva a digerire. Accettai con poca voglia, dato che i miei impegni erano già tanti e il tempo poco, e mi portai a casa il testo.

Pensavo di dare un'occhiata al libro per poi sapere da dove cominciare a spiegargliene il contenuto. Man mano che leggevo, sfogliavo, rileggevo il materiale mi accorgevo che *mi piaceva* avere un libro di testo tra le mani!

Per lavoro devo leggere e aggiornarmi in continuazione, ma un *libro di testo vero e proprio è un'altra cosa.* Aiutai la mia amica, che superò l'esame, ma questa esperienza mise un seme nel mio animo: volevo studiare. Non studiare tanto per perdere tempo, ma in modo organico: entrare in un meccanismo nel quale mi chiedevano di approfondire alcune materie, sostenere degli esami e, *dulcis in fundo*, averne un riconoscimento.

Pensare all'università era una cosa da matti ormai: trentasette anni, sposata, lavoro e un bambino alle elementari... Ma la voglia rimaneva. Allora feci un patto con me stessa: mi diedi un anno "di prova", esame dopo esame, mettendoci tutto l'impegno possibile.

La facoltà l'avevo già individuata: sarebbe stata quella di Economia, perché mi è congeniale ed è inerente al mio lavoro. Dopo un paio di notti insonni partii, galvanizzata, alla volta della segreteria per iscrivermi; era fatta: *ero matricola!!* Ebbene, dopo due giorni di entusiasmo mi accorsi che "ora veniva il bello", e mi diedi da fare per orizzontarmi circa gli esami del primo anno.

In questi mesi ho terminato il mio 3 + 2: dopo essermi laureata in Economia, presso l'Università di Genova, ho discusso la tesi della Laurea Specialistica in Economia Europea, Territoriale e Transfrontaliera.

Come riprendere in mano la tua vita

Sì, decidere di iniziare/riprendere gli studi universitari in un'età che non è proprio quella canonica è un'esperienza meravigliosa!! Ora sei in un momento in cui alcune delle decisioni fondamentali della vita sono state prese, che tu ne sia soddisfatto o meno. Ti conosci certamente molto meglio di quando avevi vent'anni e hai anche capito come funzionano le cose intorno a te.

Nel periodo in cui, normalmente, siamo portati a decidere sulla nostra istruzione solo alcuni fortunati sanno esattamente cosa "vogliono fare da grandi": tutti gli altri, me compresa, lo capiscono andando avanti. Allora si fanno scelte in base ai consigli dei genitori, alla voglia di entrare subito nel mercato del lavoro, ai suggerimenti degli amici, alla moda del momento…

Ma ora tu sai ciò che vuoi, e in questo manuale ti spiegherò come ottenerlo.

- Non pensare che ormai tra casa, lavoro, sport, volontariato e impegni vari non riuscirai a studiare: non è vero! Il tuo modo di studiare, lo vedrai, non è più quello di quando facevi lo studente di professione, e tutto ti sarà più semplice;

- Non preoccuparti del tempo che non avrai da dedicare all'università. Utilizzando bene il poco tempo che hai, motivato come sei, farai scintille. Ti insegnerò alcuni trucchi.
- Paura di non sapere come orizzontarti nel ginepraio degli atenei? *No problem*, ti spiegherò tutto.
- Cos'è il 3+2? È il tuo *passepartout* per farti chiamare dottore!

SEGRETO n. 1: ti conosci meglio ora di quando avevi vent'anni e hai anche capito come funzionano *le cose* intorno a te; adesso sai cosa vuoi.

Datti una seconda opportunità per prendere in mano la tua vita e darle una sferzata. Dimostra a te stesso che ce la puoi fare, anche perché *sarà un traguardo tutto tuo,* del quale sarai l'unico artefice. La nostra mente rinvigorisce quando ci poniamo obiettivi diversi dai soliti e se siamo supportati da una forte motivazione. E, allora, pensa a questo nuovo impegno universitario come a una palestra per la tua mente: ti fa piacere avere il tuo corpo in piena efficienza, vai dal dottore, lo curi, vai in palestra... E il tuo cervello?

SEGRETO n. 2: la nostra mente rinvigorisce quando ci poniamo obiettivi diversi dai soliti, supportati da una forte motivazione.

Come fare se la tua motivazione è concludere un corso di studi lasciato a metà

Se, come me, appartieni alla generazione di quelli che hanno visto il primo cellulare a vent'anni, le motivazioni che ti possono spingere a riprendere in mano i libri sono diverse. Una ventina d'anni fa hai lasciato gli studi senza concluderli, per vari motivi, e ora te ne penti amaramente.

Conosci il mondo del lavoro. Sai che quel famoso "pezzo di carta" serve, eccome, per andare avanti: ma tu, per qualche esame mancante, pochi o tanti che siano, non l'hai ottenuto. Magari pensi, terrorizzato, al famoso esame che hai tentato per sette volte senza successo, oppure a quello che neppure hai provato a sostenere, pensando che tanto non ce l'avresti fatta mai.

Cancella tutti i ricordi negativi che hai dell'università, perché le facoltà, così come le ricordi tu, non esistono più. Ora è tutto diverso. La riforma universitaria entrata in vigore dall'anno accademico 2001-2002 ha cancellato, di fatto, le "vecchie" lauree introducendo un diverso sistema: il famoso 3 + 2, accanto alle lauree a ciclo unico. Tale riforma ha uno stuolo interminabile di detrattori, che avranno le loro ottime ragioni, ma per noi studenti-lavoratori è una meraviglia!! Il sistema "3+2" prevede che si consegua, di base, una laurea triennale, che, già di per sé, conferisce il titolo di *dottore.*

Tirati fuori dai vecchi schemi

Non pensare: *«Ma io ho ancora tre o sette o dodici esami alla laurea!»* perché ti baseresti su informazioni non più valide. Una volta individuato il corso di laurea nel quale incanalarti devi chiedere al Consiglio di Facoltà uno "studio del caso", cioè devi presentare al Consiglio la lista degli esami già superati, o il libretto con i programmi ufficiali dei corsi negli anni in cui li hai sostenuti, anche se si tratta di ateneo con sede diversa. Niente paura, le biblioteche o le segreterie delle università ne hanno copia.

Puoi fare questa domanda anche se avevi già dato qualche esame di Giurisprudenza e ora ti vuoi orizzontare su Economia e viceversa. Il modulo per la richiesta dello studio del caso è facilmente scaricabile dai siti delle facoltà. Lo si presenta in segreteria. Dopo l'esito del Consiglio di Facoltà la segreteria ti chiamerà per chiederti l'accettazione della loro decisione e, quindi, ti potrai iscrivere.

Può accadere che, se per la vecchia laurea quadriennale ti mancavano dieci esami, ora tu possa cavartela con quattro! Dato che, comunque, qualunque sia la decisione del Consiglio tu hai sempre l'opportunità di non accettarla e ritornare alla situazione odierna… perché non tentare?

Perché non sapere quanto valgono questi esami che tieni chiusi dentro a un cassetto? Quelle poche righe scritte sul libretto ti sono costate fatica e sudore, e probabilmente arrabbiature, visto che hai mollato lì. Quindi riprenditi una bella rivincita sull'università: tira fuori il libretto!

Come orizzontarti sul corso di studi

Probabilmente non tutti hanno possibilità o voglia di iscriversi nella sede universitaria in cui hanno lasciato gli studi. D'altronde è anche vero che, negli ultimi anni, sono state aperte molte altre sedi con offerte formative diverse. Come fare? Ogni università ha un sito internet nel quale sono dettagliatamente riportate facoltà, corsi e *manifesto allo studio*.

Se, comunque, tutto ciò non fosse chiaro, si può accedere allo sportello di segreteria, fare un salto alle "giornate di informazioni" o anche ricorrere ai "tutor" cioè a ragazzi/ragazze che dedicano delle ore del loro tempo per informare circa il funzionamento dell'ateneo e dei corsi. Date e orari sono riportati sul sito. Vedrai che non esiste più il semplice corso di Economia, Lettere, Giurisprudenza ecc. ma troverai una miriade di offerte per ogni facoltà, e, di sicuro, questo ti aiuterà a scegliere proprio quello che fa per te.

Questa è la parte più bella, perché coniughi il recupero dei vecchi esami con la soddisfazione di laurearti con un corso che proprio ti piace e che scegli tu a questo punto della vita: quando, ormai, ti conosci bene e sai cosa vuoi.

SEGRETO n. 3: se riprendere gli studi ti interessa perché vuoi concludere qualcosa che hai lasciato a metà, cancella tutti i ricordi negativi che hai, perché l'università così come la ricordi tu non esiste più.

Come fare se la tua motivazione è migliorare la posizione lavorativa o cercare un lavoro più qualificato

Hai un senso di fastidio ogni volta che vedi qualche "laureato" che ne sa meno della metà di te e guadagna di più? Questa situazione ti fa infuriare? Arrabbiati pure perché hai senz'altro ragione, ma fermati a pensare un momento. Se tu, oltre all'esperienza che hai acquisito facendoti tutta la gavetta del diplomato, conoscendo tutti i trucchi del mestiere, il mercato, la clientela ecc. acquisissi anche le nozioni teoriche che ti mancano e potessi sfoggiare un bel "dott." davanti al nome?

Sarebbe un bel colpo e un super balzo in avanti!! È inutile negarcelo: nel mondo di oggi serve una laurea, e servirà sempre di più. Il limite di età per l'istruzione obbligatoria si è elevato e, di conseguenza, è richiesto un titolo di laurea anche per i lavori considerati, un tempo, meno qualificati.

Rimarrai nel mondo del lavoro ancora per molti anni: quindi, perché non acquisire conoscenze e prendere un titolo che migliorerà sensibilmente il tuo lavoro e le tue occasioni di carriera? Inserire nel proprio *curriculum* una laurea conseguita mentre si hanno impegni lavorativi è come avere un asso nella manica: vale oro! Questo sia che tu rimanga nell'azienda che ti ha visto crescere, sia che aspiri a migrare in un altro posto.

L'impegno che hai messo nel laurearti dirà molto di te, più di mille altre esperienze. *Questa è sicuramente una delle motivazioni più forti che ci siano*: quante ore della giornata spendiamo *sul* lavoro, andando *al* lavoro, parlando *di* lavoro, con i colleghi ecc. Migliorare la tua situazione lavorativa avrà ripercussioni positive su tutti gli aspetti della tua vita E allora… mettiti all'opera.

SEGRETO n. 4: rimarrai nel mondo lavorativo ancora per diversi anni perché non migliorare la tua posizione lavorativa o riqualificarti?

Come puoi fare a decidere il corso di studi?

L'università è divisa in facoltà, cioè aree di interesse e studio.

Le principali sono:

ARCHITETTURA

SCIENZE MATEMATICHE, FISICHE E NATURALI

SCIENZE STATISTICHE

ECONOMIA

GIURISPRUDENZA

FARMACIA

MEDICINA E CHIRURGIA

VETERINARIA

AGRARIA

PSICOLOGIA

SCIENZE DELLA FORMAZIONE

DAMS

INGEGNERIA

LETTERE E FILOSOFIA

SCIENZE POLITICHE

SCIENZE MOTORIE

SCIENZE UMANISTICHE

Nell'ambito di ogni facoltà hai diversi indirizzi ai quali puoi riferirti. Ad esempio, se sei orientato per una laurea triennale presso la facoltà di Scienze Politiche o Giurisprudenza, puoi trovare, tra le altre:

- presso l'ateneo di Torino, il corso di studi per la Laurea Triennale in Scienze dell'amministrazione;
- a Genova, la Laurea Triennale come Operatore Giuridico d'Impresa;
- a Milano, la Laurea per Operatore nei servizi Finanziari, Bancari e Assicurativi ecc.

Sfoglia la lista dei siti a fine capitolo in modo da avere una panoramica completa. A questo punto tu sai qual è la facoltà e il corso che ti si addice, e, di fatto, hai fissato il tuo obiettivo: sei già a metà dell'opera!!

Come fare se la tua motivazione è semplicemente quella di seguire una passione nuova o vecchia

Hai un lavoro che ti soddisfa e al quale non chiedi di più, e magari già una laurea ma... la tua passione è un'altra. Sei un avvocato che ha sempre avuto la vocazione dell'ingegnere? Un direttore di banca al quale è sorta una passione per la psicologia? Un'insegnante elementare che divora *Il Sole 24 ore*? Un fisioterapista con il pallino per la regia teatrale? *No problem.*

Non pensare che oramai sei troppo impegnato, che le scelte "importanti" sono state già fatte, che tanto il tuo lavoro è così e così rimarrà... *non è vero!!! Hai una passione? Seguila.* Non limitarti a pensare come sarebbe bello se... o a partecipare a qualche corso serale sull'argomento. Afferra il toro per le corna: iscriviti all'università, al corso che ti stimola di più; mettiti in campo, studiando e preparandoti seriamente per ciò che è la tua passione.

Confrontati con lo studio vero e vedrai che ciò ti scatenerà una scarica di adrenalina così intensa che ti sembrerà di "volare" in tutte le altre attività giornaliere. Seguire un'attitudine è il regalo più meraviglioso che ti possa fare.

SEGRETO n. 5: se vuoi seguire una passione nuova o vecchia, non pensare che *tanto le scelte importanti sono già state fatte*, perché seguire un'attitudine è il più bel regalo che ti puoi fare.

Qualche tempo fa ho sentito uno psicologo che diceva: «Se non hai la possibilità di fare un periodo di vacanza fuori casa, prenditi almeno un po' di riposo per il tuo cervello: occupati per quindici giorni di *qualcosa che di solito non fai.*

Non leggi mai? Inizia un libro. Non fai mai lavori manuali? Comincia qualcosa, crea, dipingi ecc.

Non hai mai compilato i cruciverba? Non sai il tedesco? Comincia in quei quindici giorni e lascia perdere le solite cose.

Alla fine del periodo sarai *riposato e rigenerato nello spirito* e avrai la sensazione di essere stato veramente in vacanza, perché la tua mente sarà stata "scollegata" da altri interessi quotidiani e catapultata in un'altra dimensione.»

Come orientarti?

Orientarti, per te, è abbastanza semplice: quando si decide di seguire una passione si sa già cosa si vuole, bisogna solo cercare la via per ottenerlo. Sfoglia i siti che trovi in fondo al capitolo e trova quello che fa ti battere il cuore.

LE TERMINOLOGIE - **Glossario**

UNIVERSITÀ	un insieme di strutture volte alla ricerca e alla didattica;
POLITECNICO	università per l'insegnamento di scienze matematiche, fisiche e chimiche;
ATENEO	l'università in senso fisico. Il luogo dove si svolgono tutte le attività inerenti alla vita universitaria: studi, esami, pratiche amministrative ecc.;
SEDE UNIVERSITARIA DISTACCATA	strutture universitarie decentrate, quasi sempre nelle province attigue a grossi poli universitari, dove vengono attivati anche corsi di studio particolari rispondenti a specificità del territorio;
FACOLTÀ	strutture che organizzano corsi di studio della stessa area di interesse;
CORSO DI STUDI	l'insieme degli insegnamenti e delle propedeuticità per conseguire la relativa laurea;
3 + 2	ciclo universitario composto da una laurea triennale e una specialistica biennale.

Mouse alla mano, fai un tour nelle università statali italiane:

Bari	www.uniba.it
Bergamo	www.unibg.it
Bologna	www.unibo.it
Brescia	www.unibs.it
Cagliari	www.unica.it
Calabria	www.unical.it
Camerino	www.unicam.it
Cassino	www.unicas.it
Catania	www.unict.it
Catanzaro	www.unicz.it
Chieti e Pescara	www.unich.it
Ferrara	www.unife.it
Firenze	www.unifi.it
Foggia	www.unifg.it
Genova	www.unige.it
Insubria	www.uninsubria.it
L' Aquila	www.univaq.it
Macerata	www.unimc.it
Marche	www.univpm.it
Messina	www.unime.it

Milano	www.unimi.it
Milano-Bicocca	www.unimib.it
Modena e Reggio Emilia	www.unimore.it
Molise	www.unimol.it
Napoli – “Federico II”	www.unina.it
Napoli – “L’Orientale”	www.unior.it
Napoli – “Parthenope”	www.uniparthenope.it
Napoli – “Seconda Università degli Studi”	web.unina2.it
Padova	www.unipd.it
Palermo	portale.unipa.it
Parma	www.unipr.it
Pavia	www.unipv.eu
Perugia	www.unipg.it
Piemonte Orientale	www.unipmn.it
Pisa	www.unipi.it
Potenza	www.unibas.it
Reggio Calabria – “Mediterranea”	www.unirc.it
Reggio Calabria – “Dante Alighieri”	www.unistrada.it
Roma – “Sapienza”	www.uniroma1.it
Roma – “Tor Vergata”	web.uniroma2.it
Roma – “Roma Tre”	www.uniroma3.it

Roma – "Foro Italico"	www.iusm.it
Salento	www.unisalento.it
Salerno	www.unisa.it
Sannio	www.unisannio.it
Sassari	www.uniss.it
Siena	www.unisi.it
Teramo	www.unite.it
Torino	www.unito.it
Trento	portale.unitn.it
Trieste	www.units.it
Tuscia	www.unitus.it
Udine	www.uniud.it
Urbino	www.uniurb.it
Venezia – "Ca' Foscari"	www.unive.it
Venezia - Iuav	www.iuav.it
Verona	www.univr.it

I POLITECNICI:

Milano	www.polimi.it
Torino	www.polito.it
Bari	www.poliba.it

Visita anche i siti degli atenei privati:

- LUISS GUIDO CARLI

sede a Roma www.luiss.it

- UNIVERSITÀ BOCCONI

sede a Milano www.unibocconi.it

- UNIVERSITÀ CATTOLICA DEL SACRO CUORE

sede a Milano www.unicatt.it

- IULM - Libera Università delle Lingue e Comunicazione

sede a Milano www.iulm.it

- SISSA – Scuola internazionale Superiore di studi avanzati

di Trieste

sede a Trieste www.sissa.it

SEGRETO n. 6: senza muoverti da casa fai un giro nei siti delle principali università italiane e valutane l'offerta formativa.

Mappa Mentale Capitolo 1

RIEPILOGO DEL GIORNO 1:

- SEGRETO n. 1: ti conosci meglio ora di quando avevi vent'anni e hai anche capito come funzionano *le cose* intorno a te; adesso sai cosa vuoi.
- SEGRETO n. 2: la nostra mente rinvigorisce quando ci poniamo obiettivi diversi dai soliti, supportati da una forte motivazione.
- SEGRETO n. 3: se riprendere gli studi ti interessa perché vuoi concludere qualcosa che hai lasciato a metà, cancella tutti i ricordi negativi che hai, perché l'università così come la ricordi tu non esiste più.
- SEGRETO n. 4: rimarrai nel mondo lavorativo ancora per diversi anni perché non migliorare la tua posizione lavorativa o riqualificarti?
- SEGRETO n. 5: se vuoi seguire una passione nuova o vecchia, non pensare che *tanto le scelte importanti sono già state fatte*, perché seguire un'attitudine è il più bel regalo che ti puoi fare.
- SEGRETO n. 6: senza muoverti da casa fai un giro nei siti delle principali università italiane e valutane l'offerta formativa.

GIORNO 2:

Come è strutturata oggi l'università in Italia

Prima di prendere qualsiasi decisione sul tipo di corso da seguire è opportuno che ti faccia fare un "giro turistico" nell'organizzazione dell'università italiana. Prendi le informazioni riportate in questo capitolo come se fossero le istruzioni di montaggio di una nota fabbrica di mobili svedesi.

Quando entrerai per la prima volta nei siti dei vari atenei ti renderai conto che questa spiegazione è necessaria: il mondo dell'università, come tutti i mondi, è un regno a parte, con tempi, regole, denominazioni e divieti tutti suoi.

Puoi anche decidere di saltare la lettura del capitolo, per il momento, e riprenderlo più tardi.

Mi sembra doveroso spiegarti questi meccanismi perché io mi sono trovata spaesata nel corso del primo anno di studio. Non riuscivo a capire certi percorsi obbligati. A volte mi sentivo come Fantozzi: circondata da persone che procedevano a ritmi tutti loro in un mondo parallelo. Devi partire dal presupposto che si suppone che tu sappia perfettamente come muoverti all'interno del mondo universitario.

Per esempio, a giugno del primo anno di studi ho sostenuto l'esame di Economia II. Ho comprato il libro, ho studiato, ho sostenuto l'esame. Stop. A settembre faccio la stessa cosa con l'esame di Economia I. Prendo il libro, studio, sostengo l'esame, ma quando la docente va a registrare il mio voto succede un dramma, perché l'esame di Economia I era propedeutico a quello di Economia II e, dunque, andava fatto prima.

Va beh, con un po' di andirivieni ho sistemato il tutto. La domanda è: perché quando mi sono iscritta all'esame non mi hanno avvisato? E in segreteria quando si sono visti arrivare la registrazione dell'esame di Economia II senza avere la precedente registrazione dell'esame di Economia I perché non mi hanno detto nulla?

Seconda puntata... L'esame di Matematica I si sosteneva mediante lo svolgimento di uno scritto, per la prova scritta, e uno scritto per la prova orale. Due prove a una settimana di distanza l'una dall'altra. Vado alla prima prova senza libretto: «Tanto» mi dico «non concluderò l'esame oggi.»

Errore!! La professoressa decide di far svolgere tutte e due le prove quel giorno e corregge i compiti. Io mi trovo senza libretto per registrare il voto; non solo, non ricordavo neppure il mio numero di matricola!

A quel punto la docente annota il mio voto su un foglio e mi dice di tornare la settimana seguente per verbalizzare l'esame. Da quell'appello in poi mia sorella mi ha sempre inviato, prima di ogni interrogazione, un SMS minatorio con il seguente testo: «Portati il libretto!»

E che dire dell'esame di Francese? Mi viene dato il materiale spiegandomi la prova: solo orale, domande, e tesina. Ok. Vado all'appello e mi trovo a fare anche un dettato e un riassunto scritto, ma nella borsa non avevo neanche la penna e gli occhiali.

Ho chiesto la penna all'assistente del professore! Nonostante ciò l'esame è stato superato.

Sicuramente la colpa è mia, perché sono stata particolarmente disattenta a certe comunicazioni Università–studenti. Ti consiglio vivamente di telefonare *sempre* in facoltà per chiedere quando hai dubbi, oppure mandare una o più mail al docente.

I non frequentanti, purtroppo, non usufruiscono dei vari passaparola tra studenti. Fortunatamente il personale della segreteria del Polo universitario di Imperia è molto disponibile: dopo i primi pasticci che avevo combinato li chiamavo in continuazione.

SEGRETO n. 7: fai attenzione alle varie indicazioni degli atenei, chiama la segreteria o i tutor per ogni dubbio su un esame o sulle varie procedure, soprattutto all'inizio.

Ti illustrerò come sono strutturati i corsi dopo la riforma, la differenza fra gli atenei tradizionali e quelli telematici, e il network NETTUNO. Poi, entrando nello specifico, dettaglierò alcuni termini tecnici.

Per cominciare devi sapere che l'Università italiana negli ultimi anni ha subìto molte trasformazioni. Con il DM 509/99 sono state apportate diverse modifiche al vecchio ordinamento. Esso ha introdotto varie innovazioni quali le lauree specialistiche, le classi di laurea, i crediti formativi e molto altro.

Il DM 270/2004 ha poi dato seguito all'*iter* impostato con la riforma introducendo ulteriori novità. Tali modifiche sono state introdotte per adeguarsi al modello europeo di istruzione superiore.

SEGRETO n. 8: il DM 509/99 ha modificato il vecchio ordinamento, introducendo le lauree specialistiche, le classi di laurea, i crediti formativi e molto altro; il DM 270/2004 ha continuato la riforma introducendo ulteriori novità.

I titoli rilasciati dalle università italiane sono i seguenti:

- Laurea (L);
- Laurea Magistrale (LM).

Per conseguire la laurea lo studente deve aver acquisito 180 crediti formativi distribuiti per un massimo di venti esami, e per la laurea magistrale/specialistica deve avere 120 crediti per un massimo di dodici esami.

SEGRETO n. 9: i titoli rilasciati dalle università italiane sono i seguenti: Laurea (L) e Laurea Magistrale (LM).

Si accede ai corsi di laurea se si è in possesso di un diploma di scuola secondaria superiore o di un titolo estero riconosciuto idoneo. Si accede alla laurea magistrale/specialistica con laurea o diploma universitario di durata triennale o con titolo estero riconosciuto idoneo.

Il percorso universitario è articolato in tre cicli: Laurea, Laurea Magistrale/Specialistica, Laurea Ciclo Unico, e prosegue con Master di primo e secondo livello e Corsi ad alta Formazione. Schematizzo tutto nel seguente prospetto:

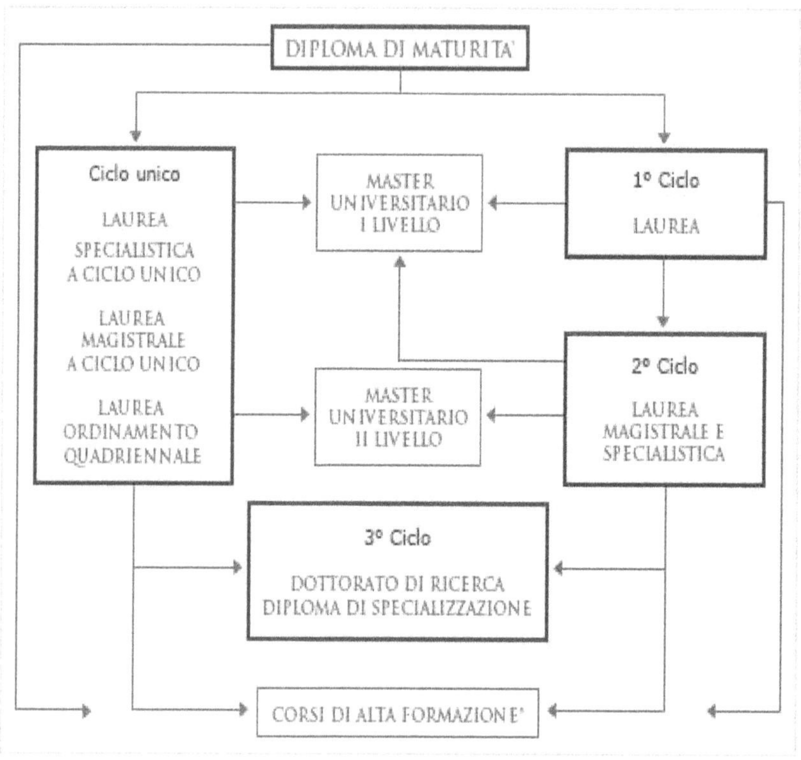

CICLO UNICO

- *Laurea specialistica a ciclo unico*: 300 crediti Odontoiatria e Protesi Dentaria, Medicina Veterinaria, Farmacia, Chimica e Tecnologie Farmaceutiche; 360 Medicina e Chirurgia. Titolo d'accesso: Diploma. Qualifica accademica: Dottore Magistrale.

- *Laurea magistrale a ciclo unico*: 300 crediti Architettura, Giurisprudenza, Ingegneria Edile/Architettura. Titolo d'accesso: Diploma. Qualifica accademica: Dottore Magistrale.

- *Laurea ordinamento quadriennale*: Scienze della Formazione Primaria. Titolo d'accesso: Diploma. Qualifica accademica: Dottore Magistrale.

1° CICLO

- *Laurea*: 180 crediti, durata tre anni. Titolo d'accesso: Diploma. Qualifica accademica: Dottore.

2° CICLO

- *Laurea magistrale e Laurea specialistica*: 120 crediti, durata due anni. Titolo d'accesso: Diploma Universitario, Laurea. Qualifica accademica: Dottore Magistrale.

3° CICLO

- *Dottorato di ricerca*: durata tre/quattro anni. Titolo d'accesso Laurea Magistrale e Specialistica, Laurea

Specialistica a ciclo unico, Laurea Magistrale a ciclo unico, Laurea Ordinamento. Quadriennale. Qualifica accademica: Dottore di Ricerca.

- *Diploma di specializzazione*: durata definita dal regolamento didattico del corso. Titolo d'accesso: Laurea Magistrale e Specialistica, Laurea Specialistica a ciclo unico, Laurea Magistrale a ciclo unico, Laurea Ordinamento Quadriennale. Qualifica di Specialista.

- *Master universitario I livello*: 60 crediti, durata un anno. Titolo d'accesso: Laurea, Laurea Magistrale e Specialistica, Laurea Specialistica a ciclo unico, Laurea Magistrale a ciclo unico, Laurea Ordinamento Quadriennale. Non conferisce alcuna qualifica.

- *Master universitario II livello*: 60 crediti, durata un anno. Titolo d'accesso: Laurea Magistrale e Specialistica, Laurea Specialistica a ciclo unico, Laurea Magistrale a ciclo unico, Laurea Ordinamento Quadriennale. Non conferisce alcuna qualifica.

- *Corso di alta formazione*: Formazione permanente e ricorrente. Titolo d'accesso: Laurea e Diploma (per coloro che abbiano maturato esperienze professionali ritenute idonee). Non conferisce alcuna qualifica.

La scelta non si limita al corso o alla sede, ma coinvolge anche il tipo di insegnamento: tradizionale oppure online? Gli *studenti/lavoratori* optano sempre più per le università "telematiche" che offrono indubbi vantaggi in termini di risparmio di tempo a parità di preparazione.

È anche vero che ormai tutti gli atenei tradizionali sono molto informatizzati. Sul sito di ogni università trovi qualsiasi tipo di informazione, scarichi moduli, compili piani degli studi, ti iscrivi agli esami, cambi indirizzo anagrafico, stampi certificati o autocertificazioni ecc. Per quanto riguarda la didattica puoi consultare i programmi, gli orari di lezioni, esami e ricevimenti e, per taluni esami, anche slide ed esercitazioni e appelli precedenti.

All'atto dell'iscrizione, oltre al libretto universitario, ti viene fornito un ID e una password per accedere alla tua area riservata.

Io ho frequentato un'università tradizionale, ma ho svolto molte pratiche senza spostarmi da casa. Ho scaricato materiale, mi sono iscritta agli esami, ho interloquito con i docenti, consegnato l'attestazione ISEE ecc. È comunque innegabile che, se per lavoro o impegni di famiglia abbiamo a disposizione pochissimo tempo o vogliamo frequentare proprio quella facoltà che non abbiamo vicino casa, ci vengono in aiuto le università online.

Alcuni atenei statali hanno organizzato dei corsi online veri e propri: Ingegneria Informatica del Politecnico di Milano, Infermieristica a Firenze, Sociologia a Urbino, Comunicazione e Marketing a Modena e Reggio Emilia, Relazioni Pubbliche a Udine, Operatore del turismo culturale, Scienze dei beni culturali e ambientali a Ferrara ecc.

SEGRETO n. 10: molte pratiche delle università tradizionali si possono svolgere in via telematica e alcuni atenei statali hanno organizzato dei corsi online veri e propri.

Accanto ad essi ci sono le università telematiche o online, non statali, istituite con decreto ministeriale. A oggi sono undici. Sul portale che segue si raggruppano tutte: www.unitelematiche.it.

Oppure singolarmente:

- E-CAMPUS

sede a Novedrate (CO)

www.uniecampus.it

- GIUSTINO FORTUNATO

sede a Benevento

www.unifortunato.it

- GUGLIEMO MARCONI

sede a Roma

www.unimarconi.it

- ITALIAN UNIVERSITY LINE

sede a Firenze

www.iuline.it

- LEONARDO DA VINCI

sede a Torrevecchia Teatina (CH)
www.unidav.it

- PEGASO

sede a Napoli
www.unipegaso.it

- TEL.M.A.

sede a Roma
www.unitelma.it

- UNINETTUNO

sede a Roma
www.uninettunouniversity.net

- UNI-TEL

sede a Milano
www.uni-tel.it

- UNISU

sede a Roma

www.unisu.it

- UNIVERSITAS MERCATORUM

sede a Roma

www.unimercatorum.it

Queste università nascono con la finalità di fornire formazione a distanza. Offrono una serie di supporti telematici, dall'iscrizione al materiale didattico a misura di studente-lavoratore. Dispongono, per legge, di un tutor che segue l'apprendimento dello studente.

Poiché gli esami devono essere fatti presso le loro sedi, esse sono solitamente organizzate per far sostenere più esami alla volta, anche con facilitazioni sul pernottamento. Talune hanno centri di informazione sul territorio.

Il titolo di studio ha lo stesso valore legale di quello conseguito negli atenei tradizionali. Questo prospetto ripreso dal sito dell'università telematica E-CAMPUS è esauriente.

La struttura delle università telematiche presenta delle differenze che le caratterizzano rispetto a quelle tradizionali. Per esempio, quasi tutte prevedono l'esame in sede centrale, altre hanno sedi decentrate regionali; alcune permettono l'iscrizione per esame singolo pagando una retta ridotta, altre l'iscrizione in qualsiasi periodo dell'anno.

Tutte offrono il materiale didattico in molte forme: dalla chat ai testi scritti delle lezioni alle slide; e, ancora, verifiche pre-esame, test di autovalutazione, forum con altri studenti ecc. Tutto ciò è impensabile nell'ateneo tradizionale. Questi corsi hanno un costo non impossibile da sostenere, ne trovi anche a 2000/3000 euro annui. Sul portale www.unitelematiche.it si raggruppano le università online riconosciute dal MIUR: Ministero dell'Istruzione, Università e Ricerca.

SEGRETO n. 11: puoi rivolgerti anche alle *università telematiche o online*, non statali, istituite con decreto ministeriale.

Un'altra opportunità è quella di laurearsi con NETTUNO Network per l'Università Ovunque. È la prima università televisiva e telematica d'Europa con due reti televisive: RAI SAT1 e RAI SAT2, e un portale didattico su internet www.uninettuno.it.

È stata promossa nel 1992 dal Ministero dell'Università e della Ricerca Scientifica ed è un'università a distanza che nasce all'interno delle università tradizionali. Cioè, quelli che vediamo nei corsi telematici sono i docenti che normalmente insegnano nelle aule.

È un'associazione senza scopo di lucro creata appositamente per permettere a chiunque disponga dei mezzi tecnici necessari di seguire le lezioni universitarie. Io ho conosciuto NETTUNO nel 1998, quando mio figlio, di qualche mese, non dormiva mai e accendevo la televisione nel cuore della notte.

C'era sempre un professore davanti alla lavagna che spiegava qualcosa di tecnico; penso fossero lezioni della facoltà di Ingegneria. Non ho mai avuto passione per quelle materie, ma mi hanno fatto molta compagnia. L'università tradizionale è affiancata da Centri Tecnologici che si occupano di realizzare i video e tutto il resto del materiale.

Le lauree a distanza offerte da NETTUNO sono in tutta Italia

Ingegneria Elettronica a Torino, Palermo e Trieste;

Ingegneria Logistica e della Produzione a Torino;

Ingegneria Meccanica a Torino, Napoli Federico II, Palermo, Parma, Politecnico delle Marche;

Ingegneria delle Telecomunicazioni a Torino, Napoli Federico II, Roma Sapienza;

Ingegneria Elettronica a Torino, Roma Sapienza, Trieste;

Ingegneria Informatica a Torino, Napoli Federico II, Palermo, Parma, Roma Sapienza, Trieste, Politecnico delle Marche;

Ingegneria Meccatronica, Politecnico di Torino;
Economia e Amministrazione delle Imprese a Firenze, Perugia, Torino, Trieste;
Economia e Gestione dei Servizi Turistici a Trieste;
Scienze del Turismo e delle comunità locali a Milano Bicocca;
Operatore dei beni culturali a Bologna, Firenze, Messina, Perugia;
Sistemi Informativi Territoriali a Venezia e Palermo;
Discipline della Ricerca Psicologico-sociale a Milano Bicocca, Padova, Roma Sapienza, Torino, Trieste;
Ingegneria Civile a Torino e Palermo;
Scienze e Tecnologie della Comunicazione a Perugia e Roma Sapienza.

SEGRETO n. 12: un'altra opportunità è quella di laurearsi con NETTUNO – *Network Per L'università Ovunque*; è la prima università televisiva e telematica d'Europa con due reti televisive: RAI SAT1 e RAI SAT2, e un portale didattico su internet.

Ora ti elenco sommariamente alcuni termini che trovi girando sui siti delle varie Università.

- *Anno accademico*:

  Coincide con la definizione dell'*anno scolastico* delle scuole di primo o secondo grado, ma è più lungo. Mi spiego: coincide con l'inizio autunnale delle lezioni ma finisce a marzo di *due anni dopo*. Cioè se mi sono iscritta nel 2008/2009, i corsi si terranno dall'autunno 2008 alla primavera 2009 e potrò dare gli esami entro marzo 2010 senza essere "fuori corso". Lo stesso vale per la laurea.

- *Manifesto agli studi*:

  Il Manifesto agli Studi è "la Bibbia" di ogni studente universitario. Contiene l'offerta didattica dei Corsi di studio attivati dall'Università per l'anno accademico e disciplina le procedure amministrative per gli studenti italiani e stranieri che si immatricolano e si iscrivono ai diversi corsi di studio.

- *Piano degli studi*:

  Il piano degli studi è l'elenco degli esami che lo studente intende (ed è obbligato a) sostenere per ottenere la laurea. Deve essere comunque presentato e approvato dalla Commissione Didattica del Consiglio di Corso di Laurea

(CCL). Tutti gli esami previsti nel piano degli studi devono essere superati per ottenere la laurea.

Il piano degli studi deve essere compilato in accordo con le regole indicate nell'Ordinamento Didattico che è parte integrante del Regolamento del Corso di Laurea ed è approvato dagli organi di Ateneo e in sede ministeriale. Deve essere compilato in accordo con le regole definite dal CCL e riportate nei Manifesti degli Studi.

- *Classi di studio*:

  Sono dei contenitori che raggruppano i corsi di studio dello stesso livello, comunque denominati dagli Atenei, aventi gli stessi obiettivi formativi qualificanti e attività formative attivate per un numero di crediti e in settori individuati come indispensabili. Le caratteristiche delle classi sono fissate a livello nazionale, con appositi Decreti Ministeriali, e sono comuni a tutti gli atenei. Sono previste quarantatre classi per le lauree e novantaquattro classi per le lauree magistrali.

  I corsi di studio appartenenti alla stessa classe hanno identico valore legale, pur se il percorso di studi, grazie all'autonomia universitaria, può differenziarsi in maniera più o meno rilevante. Identico valore legale significa che tutte le lauree della medesima classe forniscono titoli idonei per l'accesso a determinati albi professionali o la partecipazione a pubblici concorsi; ciò non toglie che in qualche caso possa essere richiesto il possesso di specifiche competenze, oltre al possesso del titolo di studio di una certa classe.

- *Crediti formativi*:

  Si abbreviano in CFU e sono uno strumento per misurare la quantità di lavoro di apprendimento, compreso lo studio individuale richiesto allo studente per acquisire conoscenze e abilità nelle attività formative previste dai corsi di studio. Un credito (CFU) corrisponde di norma a venticinque ore di lavoro che comprendono lezioni, esercitazioni ecc., ma anche lo studio a casa.

Per ogni anno accademico, a uno studente impegnato a tempo pieno nello studio è richiesta una quantità media di lavoro fissata in 60 crediti, ossia 1500 ore. I CFU si acquisiscono con il superamento dell'esame o altra prova di verifica.

I crediti non sostituiscono i voti, non valutano il profitto: la qualità dello studio continuerà a essere valutata con il voto (espresso in trentesimi per l'esame o la prova di altro genere, e in centodecimi per la prova finale, con eventuale lode). I crediti consentono di comparare diversi sistemi di studio e valutare i contenuti dei programmi tra diversi corsi e diverse università italiane ed europee. Essi facilitano così la possibilità di trasferirsi da un corso di studio a un altro, oppure da un'università a un'altra, anche straniera.

I crediti acquisiti durante un corso di studio possono essere riconosciuti per il proseguimento in altri percorsi di studio. Possono, inoltre, essere riconosciute come CFU *conoscenze e abilità professionali extrauniversitarie* (es. certificazioni linguistiche, l'attività svolta durante il servizio civile ecc.), ma poiché secondo la normativa tale riconoscimento può avvenire solo a determinate condizioni, è importante sapere che i riconoscimenti devono essere eseguiti in base a criteri predeterminati nei regolamenti universitari.

Il numero *massimo di crediti riconoscibili da attività extra-universitarie, in ogni caso, è di 60*. Ogni altra informazione su questi temi deve essere richiesta alla segreteria o all'ufficio didattico del proprio corso.

Per acquisire i crediti formativi assegnati alle attività formative è necessario il superamento da parte dello studente di una prova d'esame o di un'altra forma di verifica. I crediti non sostituiscono il voto, che continuerà, in caso di esito positivo, a essere espresso in trentesimi: 18 è la votazione minima, 30 quella massima con eventuale lode. Il percorso di formazione si conclude con una prova finale, che può consistere nella tradizionale tesi, oppure nella redazione di elaborati o relazioni, o in un colloquio orale su un argomento indicato dal candidato, o in prove pratiche.

Nella prova finale è necessario conseguire il punteggio minimo di 66 punti. Il punteggio massimo è di 110 punti e può prevedere l'eventuale attribuzione della lode. Esistono anche delle prove di esame integrate comprendenti più insegnamenti o moduli, per le quali la verbalizzazione è comunque unica.

- *Guida dello studente*:
  La Guida dello studente è utile per conoscere le facoltà, i corsi di laurea, i servizi e le opportunità che ti offre l'università.

- *Consulenza orientativa*:
  È un'attività istituita da alcuni atenei che ha l'obiettivo di facilitarti nella rivalutazione del tuo percorso formativo e nella scelta di eventuali alternative.

- *Tutor dei corsi di studio*:
  Il tutor dei corsi di studio rappresenta un punto di riferimento concreto per gli studenti. È una persona che si occupa di collaborare alle attività didattiche e integrative e di erogare informazioni didattiche sui corsi. Inoltre puoi rivolgerti a lui per necessità orientative e per la segnalazione di problematiche nel percorso formativo.

- *Propedeuticità*:
  Alcuni esami sono "propedeutici" ad altri, cioè non puoi sostenerne uno se non hai già superato l'altro (hai presente il pasticcio che ho fatto posponendo gli esami di Economia I ed

Economia II?).

- *Iscrizioni*:

  Le iscrizioni al primo anno sono in autunno. Solitamente le università si animano in quel periodo e sono offerti molti servizi orientativi per le matricole. Alcune università online hanno le iscrizioni aperte tutto l'anno.

- *Tasse e borse di studio*:

  Le tasse universitarie, delle università statali e private, sono legate all'ISEE della famiglia. È possibile, qualora si rimanga entro i parametri stabiliti, esserne esonerato e chiedere una borsa di studio. Tale richiesta è legata al numero di esami sostenuti per anno accademico. Le tasse degli atenei, statali e non, sono detraibili dal reddito in misura del 19 per cento. Per quelle degli atenei privati, essendo più alte di quelle degli atenei statali, occorre chiedere in segreteria il prospetto di raccordo tra la retta versata e la detraibilità della stessa.

- *Appelli*:

  Gli appelli sono i periodi nei quali sono programmati esami.

Solitamente, sono stabiliti alla fine del semestre: gennaio/febbraio e giugno/luglio, e a settembre. Gli studenti "fuori corso", che quindi devono sostenere esami di anni accademici precedenti, hanno appelli in aggiunta a questi. Alcune università online sono più flessibili.

SEGRETO n. 13: valuta se puoi chiedere il riconoscimento di qualche CFU (se sei libero professionista, in possesso di qualche abilitazione, della ECDL o altro) ti verrebbe accreditato come uno o più esami sostenuti.

Mappa Mentale Capitolo 2

RIEPILOGO DEL GIORNO 2:

- SEGRETO n. 7: fai attenzione alle varie indicazioni degli atenei, chiama la segreteria o i tutor per ogni dubbio su un esame o sulle varie procedure, soprattutto all'inizio.
- SEGRETO n. 8: il DM 509/99 ha modificato il vecchio ordinamento, introducendo le lauree specialistiche, le classi di laurea, i crediti formativi e molto altro; il DM 270/2004 ha continuato la riforma introducendo ulteriori novità.
- SEGRETO n. 9: i titoli rilasciati dalle università italiane sono i seguenti: Laurea (L) e Laurea Magistrale (LM).
- SEGRETO n. 10: molte pratiche delle università tradizionali si possono svolgere in via telematica e alcuni atenei statali hanno organizzato dei corsi online veri e propri.
- SEGRETO n. 11: puoi rivolgerti anche alle *università telematiche o online*, non statali, istituite con decreto ministeriale.
- SEGRETO n. 12: un'altra opportunità è quella di laurearsi con NETTUNO – *Network Per L'università Ovunque*; è la prima università televisiva e telematica d'Europa con due reti televisive: RAI SAT1 e RAI SAT2, e un portale didattico su internet.

- SEGRETO n. 13: valuta se puoi chiedere il riconoscimento di qualche CFU (se sei libero professionista, in possesso di qualche abilitazione, della ECDL o altro) ti verrebbe accreditato come uno o più esami sostenuti.

GIORNO 3:
Come organizzare il proprio tempo

Il fattore tempo

È fondamentale imparare a gestire il fattore "tempo" per la riuscita del nostro obiettivo. Sarebbe ipocrita dirti che non ce ne vuole poi molto perché non è così. Assimilare un esame, soprattutto all'inizio, è un "lavoro" a tutti gli effetti. Comporta un altro modo di affrontare un testo, che non è l'aggiornamento sul lavoro o le nuove regole della scuola di tuo figlio.

Certi preparatori atletici consigliano ai podisti, che devono affrontare una gara, di "mettere nelle gambe" un certo numero di chilometri alla settimana: correre 70/80 chilometri, anche sotto la loro velocità, permette loro di arrivare a fine corsa senza essere stremati. Ed è così anche per lo studio, che deve essere svolto in modo sistematico, un po' alla volta per un *tot* di tempo.

Non possiamo pensare che siano risolutive le nottate sui libri "prima degli esami" in compagnia di litri di caffè. È una visione romantica dello studio, ma poco pratica. Quindi, visto che già ora ci sembra di non avere assolutamente tempo per impegnarci in un'altra attività, *è necessario fermarsi e pensare seriamente a come fare.*

Sulla gestione del tempo sono state scritte migliaia di pagine e ci sono professionisti specializzati in questo campo, che affiancano i manager e i loro team per migliorarne la produttività. Da un po' di anni si misura una specie di "qualità della vita" in base al tempo libero a disposizione degli individui. Mi spiego meglio: la mia vita sarà migliore se abito in provincia e per il tragitto casa-lavoro impiego venti minuti; se ho parecchie ferie durante l'anno; se lavoro part-time o faccio un telelavoro da casa… ecc.

SEGRETO n. 14: il fattore tempo è fondamentale per la riuscita dell'obiettivo, devi fare spazio nella tua vita a questa priorità.

Il tempo è, oltretutto, l'unica risorsa veramente democratica ed equamente distribuita alla popolazione: però ti stupisci sempre di come qualcuno riesca a farla fruttare molto meglio di qualcun altro.

Come trovare dei tempi morti o allungare la giornata

Per raggiungere l'obiettivo devi fare tenacemente due cose: trovare tempo per lo studio e imparare di nuovo a studiare. In questo capitolo affrontiamo il "tempo". *Parti dalla certezza che tu sai che vuoi laurearti.* Devi fare spazio a questo desiderio nella tua vita.

Fermati a pensare alla tua giornata o settimana o mese. Trovi un'ora o almeno due mezz'ore al giorno da dedicare allo studio, per cinque giorni alla settimana? No? Dunque, potresti ritagliarti un po' di tempo nella pausa pranzo, alzarti al mattino mezz'ora prima, la sera spegnere la TV e studiare un po', portarti dietro il libro mentre aspetti tuo figlio in piscina, sfruttare il tempo in treno o in bus quando vai al lavoro ecc.

Anche io, dopo i primi momenti di gioia per la decisione presa, ho avuto un attimo di incertezza in cui mi sono chiesta: *«Ma dove trovo il tempo per lo studio? Lavoro tutto il giorno, poi la casa, mio figlio... e arrivo sempre alla sera che sono stanchissima.»* Ho analizzato la mia giornata per scovare dei tempi morti e ho trovato qualche mezz'oretta qua e là nella settimana, e un po' più di tempo il sabato e la domenica. Ma non mi bastava.

Allora mi sono basata sul fatto che sono molto attiva al mattino e proprio stanca la sera, e ho deciso di puntare la sveglia un'ora prima al mattino. Sì, è dura all'inizio, ma poi è come quando cambia l'ora e dopo una settimana tutti i ritmi biologici si rimettono a posto. Oltretutto la mattina mi era congeniale perché, visto che tutti gli altri abitanti della casa dormivano, cane compreso, ero completamente tranquilla e indisturbata.

Poco a poco questa alzata mattutina è diventata un vero e proprio piacere; il mio studio era organizzato e avviato e avevo l'impressione di *guadagnare tempo per me stessa migliorando le mie conoscenze* rispetto alle mie vecchie abitudini, senza tralasciare nessuna delle attività della caotica e strapiena giornata che mi aspettava finito lo studio.

Chi è più recettivo alla sera potrebbe trovare uno spazio

spegnendo la televisione un'ora prima. Oppure, se non vuoi allungare la giornata, puoi eliminare qualcosa che ti dà meno "carica" del raggiungimento di questo obiettivo. Qualche abitudine della quale, pensandoci bene, puoi fare a meno.

Puoi scrivere su un foglio una vera e propria scaletta delle cose che fai, tempi e ore, e ragionarci per vedere se è possibile migliorare l'organizzazione del tuo tempo: devi proprio andare tre volte alla settimana a far la spesa? *Scrivi una lunga lista* e vai una volta sola.

SEGRETO n. 15: analizza la tua giornata per trovare tempi morti o per ottimizzare le attività.

È necessario andare fisicamente in banca per fare un bonifico, e passare venti minuti in coda? Attiva l'home banking. Internet è un aiuto incredibile per risparmiare tempo, ti servirà molto nel corso degli studi. Se a casa non hai connessione, o ce l'hai troppo lenta, corri ai ripari! Metti sulla bilancia il tempo "speso" a svolgere alcune attività con l'utilità delle stesse... per alcune non vale la pena perdere tutto quel tempo.

La giornata è di ventiquattr'ore per tutti, anche per i grandi uomini e donne della storia che perseguivano un grande progetto. Di solito la loro biografia ci mostra una vita vissuta verso un'idea, una vita che non si perdeva dietro a mille attività ma andava dritta verso il loro obiettivo.

Certo che ora noi abbiamo più stimoli di un tempo, ma sappiamo anche come sfruttare le nostre conoscenze. Non sorridere del paragone con i grandi uomini e donne del passato, perché decidere di laurearti in età matura, con impegni lavorativi e familiari, è un'impresa da "grandi", che ti assorbirà e ti entusiasmerà: sarà un'impresa grandiosa!

Conosci la Banca del Tempo? È un'organizzazione attraverso la quale le persone scambiano reciprocamente attività, servizi e saperi. La Banca del Tempo è una vera e propria banca dove si depositano e si prelevano:

- BENI
- SERVIZI
- SAPERI

L'unità di misura per gli scambi è il tempo: si stabilisce un "prezzo" in ore per un bene, servizio o sapere, e se ne preleva un altro in cambio, che abbia lo stesso valore. In pratica è quello che si fa nelle famiglie numerose: tu ti offri di prendere i bambini di qualcuno a scuola (tanto dovevi andarci ugualmente per i tuoi), e qualcun altro si offre di sbrigarti la tale pratica (che ti avrebbe fatto perdere una mattinata); tu vai a ritirare le analisi di qualcuno che, in cambio, porta i tuoi vestiti in tintoria ecc.

Ai soci vengono dati dei veri e propri libretti di "assegni", dai quali essi staccano le ore di cui usufruiscono e ove si registrano le ore prestate alla banca. In Italia la prima è nata nel 1992 a Parma. Da allora molte banche del tempo si sono diffuse sul territorio nazionale: alcune sono promosse dagli stessi Comuni.

Oggi chi ne usufruisce sono in prevalenza uomini e donne che lavorano, sia dipendenti che liberi professionisti, che riescono in questo modo a conciliare le loro esigenze lavoro-casa.

Cerca se vicino a casa tua ne trovi una, associati e comincia a familiarizzarci. Sicuramente hai da offrire qualche bene/servizio/sapere che farebbe comodo a chi ti può alleviare da incombenze o contrattempi. Trovi qualche informazione sui seguenti siti:

Osservatorio nazionale Banca del Tempo
www.tempomat.it
Coordinamento BT Monza e Brianza
www.bancadeltempomonzabrianza.it
BT Milano www.banchetempo.milano.it
BT Roma www.banchedeltempodiroma.it
BT Sassari www.comune.sassari.it/servizi/agenda/banca_tempo.htm
BT Bologna www.comune.bologna.it/Banca_del_tempo
BT Napoli www.bancadeltempo.org/mainset.htm
BT Bari www.bancadeltempobari.it/index.html
BT Chieti http://www.bancadeltempochieti.it/banca
BT Torino www.provincia.torino.it/pari_opportunita/banche_tempo/index.htm

SEGRETO n. 16: iscriviti a una Banca del Tempo; sono presenti in quasi tutto il territorio nazionale.

In casa sei tu che ti occupi dei lavori domestici?

Uomo o donna che tu sia, se l'incombenza dei lavori domestici è sulle tue spalle e non puoi alleggerirti facendoti aiutare per qualche ora da una colf, tralascia qualche cosa. Non è necessario far brillare l'inox della cucina ogni sera, passare l'aspirapolvere ossessivamente o stirare le lenzuola: si vive bene lo stesso anche senza essere pignoli con l'ordine e le pulizie di casa! Se non ce l'hai comprati una lavastoviglie, lenzuola e camicie che non si stirano e quant'altro possa aiutarti a ridurre al minimo il tempo dedicato alla casa. Tanto, domani, tutto si sporcherà di nuovo!

È meglio rosicchiare qualche ora alle pulizie domestiche che rinunciare al tempo per gli amici o per lo sport. Distrarti e fare un'attività fisica sono il sale della vita e ti aiutano a raggiungere i tuoi scopi con più determinazione ed energia. Sia chiaro: non ti sto invitando a lasciar andare la casa, ma solo a valutare una migliore gestione del tempo che dedichi alle pulizie.

SEGRETO n. 17: se ti occupi della casa, organizzati meglio e lascia correre qualche incombenza.

Ottimizza! Questo deve diventare il tuo motto. Ti accorgerai che organizzarti la giornata in modo scientifico ti aiuterà in tutte le incombenze e non solo per lo studio.

La televisione è uno strumento magnifico per conoscere, rilassarsi, informarsi, divertirsi e quant'altro ma... ci ruba un mare di tempo per altre attività! Non dico di spegnere il televisore per mettersi subito a studiare, né di farlo tutte le sere, ma se sai che il tuo programma preferito sarà domani, e che stasera non c'è nulla che veramente ti attiri, valuta se per rilassarti da una lunga giornata lavorativa non sia più produttivo fare qualcos'altro.

Per esempio, accendere lo stereo con la tua musica preferita, ascoltare la radio (la mia passione), telefonare a un amico con tranquillità, fare un bel bagno caldo rilassante. Oltretutto, se fai un lavoro in cui impegni molto la vista, con il PC o guidando tutto il giorno, tutte le attività che ti ho elencato ti permettono di dare un po' di tregua agli occhi, magari chiudendoli e massaggiandoli. Se invece non hai problemi con la vista, *fortunato*, leggi un buon libro.

SEGRETO n. 18: qualche volta usa il tempo che normalmente

trascorri davanti alla TV per rilassarti completamente e riposare gli occhi.

Risparmiare tempo vuol dire anche tenere in ordine il proprio spazio dedicato allo studio; come una scrivania in ufficio che sia ingombra di carte o dove vi siano fogli sparpagliati ovunque fa perdere tempo prezioso e deconcentra, così anche uno spazio non organizzato a casa produce gli stessi effetti.

Se hai una stanza "studio", *beato te*, fai in modo che il tavolo sia tutto per il materiale universitario. Se così non è scegli una parte di libreria, un angolo della camera da letto, un ripiano nell'armadio della biancheria, che sia il tuo punto di riferimento. Vuoi sapere qual è il mio? In cucina: lo spazio sopra il frigo è diventato il mio ufficio personale, in certi momenti c'era accatastato di tutto!

L'importante è che nell'angolo di casa che hai scelto sia tutto ben in ordine: libri, dispense, mail dai professori, gli schemi che ti propongo, risme, penne e pennarelli. Così, quando hai la tua ora da dedicare allo studio, recuperi il materiale e cominci senza perdere tempo; quando è l'ora di smettere molli tutto e appoggi lì.

SEGRETO n. 19: ritagliati in casa uno spazio tutto tuo dove tenere bene in ordine il materiale universitario; sarà più semplice, quando vorrai studiare, riprendere subito da dove hai lasciato.

Come fare il planning per il primo anno

Ora che ti sei ritagliato un po' di tempo per lo studio e lo spazio fisico dove studiare, prendi carta, penna e calendario e fai un progetto a lungo termine. Lo schema che ti propongo corrisponde al "*piano d'attacco*" del primo anno.

Ogni anno accademico dura da settembre a marzo del secondo anno successivo e i corsi sono divisi per semestri o trimestri. Occorre che tu *spalmi* gli esami che devi sostenere, a seconda della loro scadenza (1° e 2° semestre), nell'arco temporale dell'anno accademico. Prepara un planning *ad hoc*. Nelle pagine seguenti ti suggerisco come predisporlo. In particolare, nella griglia ho inserito:

- in *verticale* i mesi che hai a disposizione per lo studio e gli esami;

- in *orizzontale* gli esami del piano di studio.

Questo è uno schema valido e ripetibile per ogni anno di studio. Gli anni successivi si potranno aumentare le colonne in verticale per eventuali esami degli anni precedenti.

Ti faccio un esempio. Mi sono appena iscritta alla facoltà di Economia e nel mio piano degli studi trovo, per il primo anno, le seguenti materie:

- *1° semestre*, quattro esami:

1) Economia I;
2) Economia Aziendale;
3) Diritto Pubblico;
4) Conoscenze Informatiche.

- *2° semestre*, quattro esami:

1) Economia II;
2) Ragioneria I;
3) Diritto privato;
4) Lingua Straniera.

Decido di partire subito con lo studio dell'esame di *Economia Aziendale* ed *Economia I.* L'appello di *Conoscenze informatiche* non mi crea ansie. Lascio stare, per il momento, *Diritto Pubblico* e lo rimando alla sessione autunnale.

Economia Aziendale si compone di una prova pratica e una teorica, ma, per fortuna, il professore fa fare una prova di metà semestre, intorno alla fine di ottobre, e un'altra a fine corso prima delle vacanze di Natale.

Per *Economia I,* invece, c'è un primo appello nella sessione invernale, a gennaio/febbraio. *Conoscenze Informatiche* è un esame pratico che verte sull'uso dei principali strumenti di Windows, quindi penso di poterlo superare senza dover studiare e, come me, chiunque lavori quotidianamente con il computer.

SEGRETO n. 20: prepara un planning anno per anno come quello dello schema che ti allego; ti aiuterà a pianificare gli esami senza perdere appelli o sovraccaricarti.

PLANNING ESAMI PRIMO ANNO – 1° semestre				
	Economia I	**Economia Aziendale**	**Diritto pubblico**	**Conoscenze Informatiche**
SETTEMBRE	Comincio a studiarlo	Comincio a studiarlo	Posticipo all'estate	Comincio a studiarlo
OTTOBRE		preappello		
NOVEMBRE				
DICEMBRE		preappello		
GENNAIO		orale		appello
FEBBRAIO	appello			
MARZO				
APRILE				
MAGGIO				
GIUGNO			Comincio a studiarlo	
LUGLIO				
AGOSTO				
SETTEMBRE			appello	
OTTOBRE				
NOVEMBRE				
DICEMBRE				
GENNAIO				
FEBBRAIO				

PLANNING ESAMI PRIMO ANNO – 2° semestre				
	Economia II	**Ragioneria I**	**Diritto privato**	**Lingua Straniera**
FEBBRAIO	Comincio a studiarlo	Posticipo	Comincio a studiarlo	Posticipo
MARZO				
APRILE				
MAGGIO				
GIUGNO	appello		appello	Comincio a studiarlo
LUGLIO				
AGOSTO				
SETTEMBRE				appello
OTTOBRE				
NOVEMBRE		Comincio a studiarlo		
DICEMBRE				
GENNAIO				
FEBBRAIO		appello		
Fine primo anno accademico				

Partiamo dal primo gruppo di esami. Come dice un proverbio cinese: *«Anche il più lungo cammino comincia con un solo passo.»* Cioè non spaventarti, *pensa sempre che è un'impresa assolutamente realizzabile.* Una volta che avrai seguito i miei consigli e avrai pianificato il più possibile, vedrai che il tuo percorso sarà più facile!

Formati delle *unità di studio*, cioè una quantità di pagine o di esercizi che pensi di poter fare ogni qualvolta dedichi tempo ai libri. Quando hai recuperato tutto il materiale didattico: libri, slide ecc., inizia a guardarlo dividendolo mentalmente e trascrivendo il tutto sul famoso foglio, o sullo "schema di studio giornaliero" che riporto nelle pagine seguenti.

Devi fare una specie di mappa, in cui dividi e ridividi il tutto fino a che ottieni delle "unità di studio", cioè una quantità di lavoro che tu possa fare nella tua "unità di tempo" (l'ora o le due mezz'ore che riesci a ritagliarti nella giornata). Conta le unità che hai ottenuto e non spaventarti se sono troppe: il carico, soprattutto per il primo esame, non deve essere eccessivo. *Stai preparando un esame nell'esame: più che affrontare di nuovo i libri stai facendo un test alla tua capacità di organizzazione e di studio.* È come un motore in rodaggio… non devi spingere troppo.

SEGRETO n. 21: dividi il materiale didattico in unità di studio, cioè la quantità di pagine o esercizi a cui riesci a dedicarti in ciascuna unità di tempo a tua disposizione; riuscirai a quantificare il tempo totale occorrente per la preparazione dell'esame.

Come organizzarti uno schema giornaliero valido per lo studio di più esami nella stessa sessione

Datti un "periodo di prova" per saggiare la tua velocità di apprendimento e, passato questo, può darsi che tu riveda le "unità di studio" già stabilite. Niente paura, in questo caso riprendi in mano lo schema aggiornandone i parametri. Da un lato metterai le unità di studio e come sono composte, e, dall'altro, il tempo a tua disposizione.

Lascia spazi liberi per gli imprevisti: un'influenza che ti mette a letto due giorni, uno straordinario in ufficio non previsto, un mal di testa improvviso che ti manda in tilt, o una cena a sorpresa…

Devi fare in modo che la tua vita, al di là dello studio, si svolga regolarmente. Non puoi rifiutare al capo di fermarti un po' di più al lavoro perché devi studiare o saltare una cena in buona compagnia. Non gioverebbe né al tuo umore né alla tua determinazione.

SEGRETO n. 22: non pianificare tutto il tuo tempo libero per lo studio, lascia spazi per te stesso.

Scheda di studio giornaliera mese per mese

Mi collego all'esempio del paragrafo precedente. Mi sono appena iscritta all'università, siamo a settembre e da metà mese comincerò a studiare.

Voglio preparare l'esame di *Economia I* e quello di *Economia Aziendale* in modo da avere il voto di entrambe le materie sul libretto entro la sessione di gennaio prossimo. Voglio sostenere anche l'esame di *Conoscenze Informatiche*, ma ho visto che sono già preparata e non devo studiarlo.

Per l'esame di *Economia Aziendale* occorre preparare sia lo scritto che l'orale; per l'esame di *Economia I*, solo l'orale. Ho da affrontare, complessivamente, due testi, da leggere e studiare, delle slide e alcuni esercizi pratici.

- *il testo* di *Economia Aziendale* (che chiamerò A) è da studiare per complessivi undici capitoli corrispondenti a 285 pagine;
- *le slide* di *Economia Aziendale*, con gli esercizi, sono quattordici;
- *Il testo di Economia I* (diciamo B) è da studiare per quattordici capitoli, cioè 301 pagine;
- si consiglia, inoltre, di *leggere per Economia I, sul testo B,* altri due capitoli di quarantasette pagine totali.

Valuto la materia: è semplice? Allora le unità di studio saranno composte da più pagine; viceversa, se è complicata, mi prendo un po' più di tempo per assimilare i testi e "guardo" meno pagine per volta.

Ho stabilito di dedicare i seguenti spazi allo studio:

- *Lunedì, mercoledì* e *giovedì*: un'ora al mattino;
- *Martedì* e *venerdì*: tre quarti d'ora nel pomeriggio;
- *Sabato* e *domenica*: due ore totali che determino di volta in volta a seconda del programma del week-end;
- In più aggiungo venti minuti *per tutti i giorni lavorativi* mentre sono in pausa pranzo.

Per Economia Aziendale divido le pagine in unità da venticinque cadauna. Mi occorrono circa undici giorni per affrontare la materia. Divido *Economia I* in unità di studio da venti pagine, perché per me è più difficile: quindi mi occorrono circa quindici giorni.

Voglio fare gli esercizi delle slide almeno due volte ciascuno. Ne ho quattordici (sei del primo preappello e otto del secondo) e valuto di svolgerne uno ogni ora: mi occorrono, rispettivamente, dodici e sedici ore.

UNITÀ DI STUDIO (U.S.) *per una prima lettura.*

	pagine		giornate
	totali	X US	n.
A) *Economia Aziendale*	258	25	12
Esercizi) *Economia Aziendale (slide di esercizi)*	totali n.14 es. (6+8)	1 es. ogni ora	12 h (n.6x2h) + 16 h (n.8x2h)
B) *Economia I*	301	20	15
Leggere) *Economia I*	47	*se riesco* nelle vacanze di Natale.	

Per gli schemi di Cornell di entrambe le materie (parte destra della scheda), *mi riservo* una quindicina di giorni lavorativi subito dopo aver finito la lettura superficiale. Ai "super schemi", cioè la parte sinistra della scheda Cornell, dedico sette giorni, e cinque alla mappa mentale.

Le vacanze di Natale cadono poco prima degli appelli invernali: colgo l'occasione per sospendere tutto lo studio e rilassarmi. In quel periodo, se sarò abbastanza riposata, mi dedicherò a leggere il materiale di *Economia I* consigliato dal docente.

SCHEMI CORNELL parte destra e parte sinistra

	giornate ◷	
	A	B
Scheda di Cornell – parte destra	1 8	1 5
Scheda di Cornell – parte sinistra	7	7

MAPPE MENTALI

	giornate ◷	
	A	B
Elaborazione mappe di tutto l'esame	5	5

SEGRETO n. 23: preparati uno schema di lavoro giornaliero impostato mese per mese; ti servirà per programmarti la quantità di studio giornaliero, il ripasso e gli schemi e i tempi di riposo.

Questa divisione deve tenere conto del fatto che se un capitolo finisce la facciata successiva al numero di pagine preordinato per quel giorno, la inserisco comunque nella "unità di studio"; allo stesso modo non comincerò un nuovo paragrafo anche se è l'ultima pagina della giornata. Domani ci sarà una pagina in più da leggere, ma avrò avuto la "visione d'insieme" della materia.

Per alcuni esami è molto semplice organizzarsi perché sono su un libro solo, di solito scritto dal docente, e ti viene chiesto di studiarne una specifica parte. Altri programmi d'esame sono delle vere mappe, e lo studio diventa un percorso sullo stile di una "caccia al tesoro". Il professore, nell'intento di farti toccare un po' tutto il programma senza appesantirti troppo, ti indica di ogni capitolo quale paragrafo studiare, quale leggere e quale saltare... se sbagli le coordinate sei rovinato. Dovendo sostenere alcuni esami con questa modalità, ho fatto la fotocopia dell'indice dei vari testi previsti in programma annotando *S* per studiare, *L* per leggere e *NO* per saltare. Poi, all'inizio dei capitoli, mettevo le stesse sigle e tenevo sottomano la fotocopia.

Scheda di studio giornaliero di Settembre					
					Fine settimana
Lunedì	Martedì	Mercoledì	Giovedì	Venerdì	Fine settimana
Lunedì	Martedì	Mercoledì	Giovedì	Venerdì	Fine settimana
Lunedì	Martedì	Mercoledì	Giovedì	Venerdì	Fine settimana
Prima lettura di A					*Esercizi di Economia Aziendale*
Lunedì	Martedì	Mercoledì	Giovedì	Venerdì	Fine settimana
Prima lettura di A					*Es* *er* *ci* *zi*

<table>
<tr><th colspan="6">Scheda di studio giornaliero di Ottobre</th></tr>
<tr><td>Lunedì</td><td>Martedì</td><td>Mercoledì</td><td>Giovedì</td><td>Venerdì</td><td>Fine settimana</td></tr>
<tr><td colspan="2">Prima lettura di A</td><td colspan="3">Scheda Cornell di A parte dx</td><td>Esercizi</td></tr>
<tr><td>Lunedì</td><td>Martedì</td><td>Mercoledì</td><td>Giovedì</td><td>Venerdì</td><td>Fine settimana</td></tr>
<tr><td colspan="5">Scheda Cornell di A parte dx</td><td>Esercizi</td></tr>
<tr><td>Lunedì</td><td>Martedì</td><td>Mercoledì</td><td>Giovedì</td><td>Venerdì</td><td>Fine settimana</td></tr>
<tr><td colspan="5">Scheda Cornell di A parte dx</td><td>Esercizi</td></tr>
<tr><td>Lunedì</td><td>Martedì</td><td>Mercoledì</td><td>Giovedì</td><td>Venerdì</td><td>Fine settimana</td></tr>
<tr><td colspan="5">Scheda Cornell di A parte dx</td><td>Esercizi</td></tr>
<tr><td>Lunedì</td><td>Martedì</td><td>Mercoledì</td><td colspan="3"></td></tr>
<tr><td colspan="3">Settimana del 1° preappello di <u>Economia Aziendale</u></td><td colspan="3"></td></tr>
</table>

<table>
<tr><td colspan="6">Scheda di studio giornaliero di Novembre</td></tr>
<tr><td colspan="3"></td><td>Giovedì</td><td>Venerdì</td><td>Fine settimana</td></tr>
<tr><td colspan="3"></td><td colspan="3">Prima lettura di B</td></tr>
<tr><td>Lunedì</td><td>Martedì</td><td>Mercoledì</td><td>Giovedì</td><td>Venerdì</td><td>Fine settimana</td></tr>
<tr><td colspan="6">Prima lettura di B</td></tr>
<tr><td>Lunedì</td><td>Martedì</td><td>Mercoledì</td><td>Giovedì</td><td>Venerdì</td><td>Fine settimana</td></tr>
<tr><td colspan="4">Prima lettura di B</td><td colspan="2">Esercizi</td></tr>
<tr><td>Lunedì</td><td>Martedì</td><td>Mercoledì</td><td>Giovedì</td><td>Venerdì</td><td>Fine settimana</td></tr>
<tr><td colspan="5">Scheda Cornell di B parte dx</td><td>Esercizi</td></tr>
<tr><td>Lunedì</td><td>Martedì</td><td>Mercoledì</td><td>Giovedì</td><td>Venerdì</td><td></td></tr>
<tr><td colspan="5">Scheda Cornell di B parte dx</td><td></td></tr>
</table>

<table>
<tr><td colspan="6">Scheda di studio giornaliero di Dicembre</td></tr>
<tr><td colspan="5"></td><td>Fine settimana</td></tr>
<tr><td colspan="5"></td><td>Esercizi</td></tr>
<tr><td>Lunedì</td><td>Martedì</td><td>Mercoledì</td><td>Giovedì</td><td>Venerdì</td><td>Fine settimana</td></tr>
<tr><td colspan="3">Scheda Cornell di B parte dx</td><td colspan="3">Esercizi</td></tr>
<tr><td>Lunedì</td><td>Martedì</td><td>Mercoledì</td><td>Giovedì</td><td>Venerdì</td><td>Fine settimana</td></tr>
<tr><td colspan="2">Scheda Cornell di B parte dx</td><td colspan="4">Esercizi</td></tr>
<tr><td>Lunedì</td><td>Martedì</td><td>Mercoledì</td><td>Giovedì</td><td>Venerdì</td><td>Fine settimana</td></tr>
<tr><td colspan="6">Settimana del 2° preappello di <u>Economia Aziendale</u>
Ripasso esercizi</td></tr>
<tr><td>Lunedì</td><td>Martedì</td><td>Mercoledì</td><td>Giovedì</td><td>Venerdì</td><td>Fine settimana</td></tr>
<tr><td colspan="6">Ferie</td></tr>
<tr><td>Lunedì</td><td colspan="5"></td></tr>
</table>

<table>
<tr><th colspan="6">Scheda di studio giornaliero di Gennaio</th></tr>
<tr><td></td><td>Martedì</td><td>Mercoledì</td><td>Giovedì</td><td>Venerdì</td><td>Fine settimana</td></tr>
<tr><td></td><td>Ferie</td><td colspan="4">Scheda Cornell di A parte sx</td></tr>
<tr><td>Lunedì</td><td>Martedì</td><td>Mercoledì</td><td>Giovedì</td><td>Venerdì</td><td>Fine settimana</td></tr>
<tr><td colspan="2">Scheda Cornell di A parte sx</td><td colspan="4">Cominciano gli appelli invernali
Mappa di A</td></tr>
<tr><td>Lunedì</td><td>Martedì</td><td>Mercoledì</td><td>Giovedì</td><td>Venerdì</td><td>Fine settimana</td></tr>
<tr><td><u>Appello</u> <u>Economia Aziendale</u></td><td>riposo</td><td colspan="4">Scheda Cornell di B parte sx</td></tr>
<tr><td>Lunedì</td><td>Martedì</td><td>Mercoledì</td><td>Giovedì</td><td>Venerdì</td><td>Fine settimana</td></tr>
<tr><td><u>Appello</u> <u>Conoscenze informatiche</u></td><td>riposo</td><td colspan="2">Scheda Cornell di B parte sx</td><td colspan="2">Mappa di B</td></tr>
<tr><td>Lunedì</td><td>Martedì</td><td>Mercoledì</td><td>Giovedì</td><td colspan="2"></td></tr>
<tr><td colspan="2">Mappa di B</td><td colspan="2"></td><td colspan="2">1° settimana di febbraio
<u>Appello di Economia I</u></td></tr>
</table>

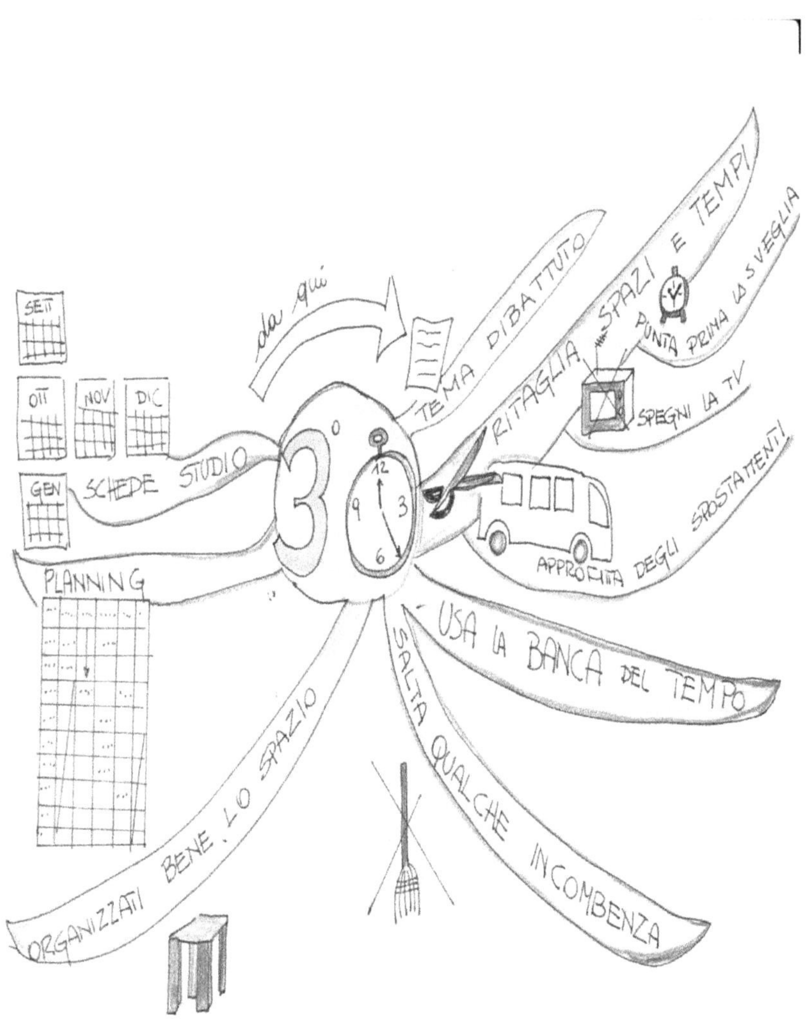

Mappa Mentale Capitolo 3

RIEPILOGO DEL GIORNO 3:

- SEGRETO n. 14: il fattore tempo è fondamentale per la riuscita dell'obiettivo, devi fare spazio nella tua vita a questa priorità.
- SEGRETO n. 15: analizza la tua giornata per trovare tempi morti o per ottimizzare le attività.
- SEGRETO n. 16: iscriviti a una Banca del Tempo; sono presenti in quasi tutto il territorio nazionale.
- SEGRETO n. 17: se ti occupi della casa, organizzati meglio e lascia correre qualche incombenza.
- SEGRETO n. 18: qualche volta usa il tempo che normalmente trascorri davanti alla TV per rilassarti completamente e riposare gli occhi.
- SEGRETO n. 19: ritagliati in casa uno spazio tutto tuo dove tenere bene in ordine il materiale universitario; sarà più semplice, quando vuoi studiare, riprendere subito da dove hai lasciato.
- SEGRETO n. 20: prepara un planning anno per anno come quello dello schema che ti allego; ti aiuterà a pianificare gli esami senza perdere appelli o sovraccaricarti.
- SEGRETO n. 21: dividi il materiale didattico in unità di

studio, cioè la quantità di pagine o esercizi a cui riesci a dedicarti in ciascuna unità di tempo a tua disposizione; riuscirai a quantificare il tempo totale occorrente per la preparazione dell'esame.

- SEGRETO n. 22: non pianificare tutto il tuo tempo libero per lo studio, lascia spazi per te stesso.
- SEGRETO n. 23: preparati uno schema di lavoro giornaliero impostato mese per mese; ti servirà per programmarti la quantità di studio giornaliero, il ripasso e gli schemi e i tempi di riposo.

GIORNO 4:
Come affrontare lo studio

Bene, siamo al capitolo fondamentale, quello relativo all'argomento che hai temuto finora. Dici a te stesso: «*Ma devo proprio mettermi a studiare?*» Hai sempre associato lo studio a qualcosa di fastidioso, inutile e noioso. Non nego che qualche esame non ti piacerà: nel numero, è ovvio.

La maggior parte, però, saranno materie strumentali alla tua professione o di approfondimento di aree di interesse personale. Inoltre sei tu che scegli il corso di studi, e ora, nell'ambito della stessa facoltà, trovi offerte formative molto specifiche. Io, ad esempio, non sarei mai arrivata alla fine del mio corso scegliendo un percorso di tipo economico-borsistico o assicurativo, perché sono rami dell'economia che non mi coinvolgono affatto.

Quindi, per partire con il piede giusto e studiare con profitto, hai solo bisogno di tre cose *fondamentali*, e non mi stanco di sottolinearlo:

- *motivazione* (ma di quella ne hai da vendere, no?);
- *costanza*;
- *metodo di studio*.

Tra le prime attività formative offerte dalla facoltà di Economia di Genova, Polo di Imperia, c'è il corso di *Metodologia dello studio*. Mi sono molto stupita di questa cosa perché mai più avrei pensato che, tra i tanti supporti da dare agli studenti, ci fosse un corso per insegnar loro a essere studenti!

Mi sono detta: «Ma come, a ragazzi con anni di studio alle spalle si suggerisce come studiare?» Poi ho riflettuto sul tipo di studio che un ragazzo di diciotto/diciannove anni ha affrontato fino a quel momento e a quello che lo aspetta. In effetti, quel corso è proprio azzeccato: chi è abituato ad avere un riscontro della sua preparazione ogni mese o poco più, può sentirsi disorientato nel preparare un esame con appello finale dopo mesi.

A maggior ragione, per me che riprendevo in mano i libri dopo tanti anni, era fondamentale capire *come* studiare. Aprire il libro e studiare tutto dalla prima pagina? Leggere e sottolineare? Leggere e schematizzare? Insomma, alla fine ho preso una decisione che si adattava bene con il mio tipo di memoria: quella visiva.

SEGRETO n. 24: impara a studiare; stabilisci un metodo valido, armati di motivazione e costanza e riuscirai a studiare efficacemente.

Anni fa ho seguito un corso sulla memoria. Mi hanno spiegato che ne possediamo di diversi tipi: temporale (a breve, medio, lungo termine), visiva, uditiva, cinestesica (cioè legata a sensazioni che recepiamo dal contatto con oggetti), gustativa (sapori), olfattiva (odori).

Ho capito subito che la mia memoria è di tipo visivo, cioè si basa sulle immagini impresse nella mente, associandole ai concetti. Ecco, se mi ripetessero per dieci volte un concetto, ciò non mi sarebbe utile come lo è leggerlo e schematizzarlo. Gli schemi mi rimangono *impressi* come fossero fotografie.

SEGRETO n. 25: la nostra memoria immagazzina concetti

attraverso "impronte" che i concetti e i sentimenti lasciano su di noi; ma l'apprendimento non è uguale per tutti.

Il mio metodo di studio è stato il seguente. Leggere il libro una prima volta abbastanza superficialmente, un po' come si sfoglia il giornale dalla parrucchiera; scorrevo le pagine qua e là, cercando qualcosa che attirasse la mia attenzione.

È incredibile come alcuni concetti, che all'inizio sembrano astrusi, alla fine del libro abbiano un senso anche se non lo hai approfondito alla prima lettura. Ricominciare dopo che si è arrivati in fondo è come leggere un giallo quando conosci l'assassino: trovi tutte le tracce che lo incriminano, mentre prima le avresti ignorate.

E quindi, dopo questa prima lettura, foglio e penna per gli appunti alla mano, riprendevo il libro da capo e creavo degli schemi secondo il metodo Cornell, che ti spiegherò più avanti. Questa è una fase delicata, perché non puoi, ovviamente, riportare tutto: devi capire quello che ti è utile per comprendere la materia e ricordartela.

Quando hai tutti gli appunti del libro, riparti non più dal principio dal testo, ma dai tuoi scritti. Nelle parti apposite delle tue schede farai il punto sui concetti chiave e un sunto. Fatto questo, per ripassare la materia e rievocarla alla mente ti basterà dare un'occhiata ai concetti chiave e ai sunti. Negli ultimi giorni prima dell'appello compila le mappe mentali di tutto l'esame.

Ricapitolando:

- lettura superficiale;
- scheda di appunti;
- sunto della scheda;
- mappe di tutto l'esame.

Facendo una ricerca sui metodi di appuntazione mi sono imbattuta nel metodo "6R" o Cornell, così come spiegato dalla dispensa del professor G. Rinaldi. Si tratta di un sistema elaborato nel 1989 dal professore americano Walter Pauk, docente della Cornell University, e da allora diffuso e consigliato in tutte le scuole americane.

L'ho subito adottato perché prevedeva due passaggi di appunti e la scrittura del foglio solo su un lato (sembra una cosa di poco conto ma, quando hai bisogno di dare un'occhiata a tutto l'insieme, ti basta sparpagliare i vari fogli sul tavolo o sul pavimento!).

Serve a prendere appunti, sia a lezione che direttamente sui libri se si studia da soli. Si basa su una prima stesura di appunti e successive rielaborazioni. Gli strumenti necessari sono: fogli di carta grandi, preferibilmente in formato A3, da usare su una sola facciata, e una particolare divisione del foglio.

Il metodo detta addirittura i centimetri, anzi i pollici della suddivisione dell'area di lavoro; ma, senza esagerare, anche se li modifichiamo un po', l'organizzazione logica sul foglio rimane. È un valido aiuto anche nella normale vita lavorativa, quando segui corsi di aggiornamento, conferenze, o in lunghe trattative. È comunque necessario essere dotati di un minimo di capacità di sintesi, perché non sarà possibile trascrivere tutto il testo.

	Esame ………….. Scheda n……….. *Stampa questo schema e fotocopialo su fogli A3*

Per semplificarmi il tutto, dato che mi piace lavorare su Excel, ho creato uno schema vuoto che stampavo, personalizzandolo di volta in volta, a seconda dell'esame.

Come vedi, la parte superiore è divisa in due parti, una più grande e una più piccola, e c'è una parte, ai piedi del foglio, lasciata tutta libera. Si prendono appunti nella colonna di destra usando un sistema di "indentazione", cioè si scrivono a sinistra i concetti più importanti e a destra, man mano, quelli che lo sono meno. La colonna di sinistra e la parte sottostante si lasciano vuote.

In fase di rielaborazione scriverai a sinistra gli argomenti principali trattati negli appunti della scheda, mettendo in evidenza le parole chiave, usando colori ed evidenziatori; nella parte sottostante riporterai un breve sunto della scheda (poche parole che ti rammentino il tutto).

Se si opera in questo modo, si riproduce un testo di molte pagine in qualche scheda che può essere oggetto di modifica ulteriore; per esempio sdoppiata se troppo fitta ecc.

<table>
<tr>
<td></td>
<td>
1° FASE: RIEMPIRE QUESTO SPAZIO
ARGOMENTO
PRINCIPALE rif. pagina n.
Diramazioni
Dettagli
Esempio
Collegamento
ARGOMENTO
PRINCIPALE rif. pagina n.
Diramazioni
Collegamento
Dettagli
Esempi
</td>
</tr>
<tr>
<td colspan="2"></td>
</tr>
</table>

<table>
<tr>
<td>2° FASE:
COMPILARE QUI
TITOLO
SINTETICO

PAROLA O
FRASE
CHIAVE

TITOLO
SINTETICO

PAROLA O
FRASE
CHIAVE</td>
<td>ARGOMENTO
PRINCIPALE rif. pagina n.
Diramazioni
Dettagli

Esempio
Collegamento

ARGOMENTO
PRINCIPALE rif. pagina n.
Diramazioni
Collegamento
Dettagli
Esempi</td>
</tr>
<tr>
<td colspan="2">ALLA FINE DELLA 2° FASE INSERIRE UN SUNTO, RIFERIMENTI, COLLEGAMENTI AD ALTRE SCHEDE ECC. O SUGGERIMENTI PER LA COMPILAZIONE DELLA MAPPA.</td>
</tr>
</table>

Per terminare l'argomento sul "metodo di appuntazione Cornell" ti spiego perché viene anche chiamato delle "6R", ovviamente facendo riferimento a verbi inglesi.

Record *Registra*	Raccogli nella parte principale dello schema il maggior numero di fatti e di idee;
Reduce *Schematizza*	Schematizza e ricapitola sulla parte sinistra le idee (concisamente) e le parole chiave;
Recite *Esponi*	Copri l'area grande e verifica se con le sole notizie della colonna di sinistra ricordi la scheda;
Reflect *Rifletti*	Rifletti sulle nozioni apprese e su come si relazionano con gli altri argomenti;
Review *Ripassa*	Ripassa periodicamente le schede;
Recapitulate *Riassumi*	Riassumi la lezione al fondo del foglio.

SEGRETO n. 26: adotta il sistema Cornell di appuntazione con le schede che prevedono due fasi, una prima scrittura dell'argomento e una colonna di riassunto/punti chiave.

Per gli appunti ci si può far aiutare dalla stenografia, che era materia scolastica degli istituti tecnici fino a qualche decennio or sono. Io l'ho imparata a scuola, a metà degli anni ottanta, e non ero brava per niente perché non ne capivo l'utilità e non l'apprezzavo. Poi nella vita di tutti giorni l'ho rivalutata e non l'ho più abbandonata.

È nata per scrivere velocemente sotto dettatura; ricordi i film degli anni cinquanta, il capo che detta e la segretaria che scrive su un blocchetto stretto e lungo? Stava stenografando, e poi avrebbe riportato il tutto con la macchina da scrivere. Ora si usa registrare le lunghe lettere, o, addirittura, scriversele da soli usando modelli precompilati su Word!

La stenografia è un tipo di scrittura veloce e sintetica che indica i fonemi in modo semplice, con abbreviazioni e stratagemmi vari. Permette di scrivere alla velocità dell'oratore, e si è arrivati a scrivere fino a 180 parole al minuto! Chi la conosce e la pratica quotidianamente ha un ottimo strumento nelle mani, migliore di qualsiasi registratore perché di immediata lettura.

Questa disciplina, che esiste da due millenni, si attribuisce a Marco Tullio Tirone, il liberto di Cicerone, che usava una simile scrittura per abbreviare l'alfabeto latino. Era insegnato nelle scuole tecniche fino a qualche decennio or sono, ma ormai abbandonato a favore di altri sistemi. Tuttora viene usato per la rendicontazione delle sedute della Camera dei Deputati.

Esistono vari sistemi stenografici, ma io, avendo imparato il Cima, ho usato sempre quello. Giovanni Cima inventò il suo metodo basato sulla fonìa delle parole, eliminando quasi del tutto le vocali e lasciando solo le consonanti. In questo modo si abbrevia del 75 per cento la scrittura dei vocaboli. Adottò dei segni rappresentanti le maggiori desinenze per accorciare ulteriormente il segno sul foglio. Poiché si basa sulla pronuncia risulta esportabile, e, infatti, è utilizzato anche nella lingua inglese, francese, spagnola, polacca e nei Paesi dell'America Latina.

Io non ho la fluidità dello stenografo, e quindi non scrivo delle frasi complete, ma lo utilizzo per sostituire gli articoli, le congiunzioni, le desinenze e i sostantivi ricorrenti. Se in una frase togli tutte queste parti, mettendo al loro posto un segno che riconosci istantaneamente come "ogni", "non", "con", "nella" "...ment", "...zion" "…tiv", "...dir…" otterrai sia una scrittura più veloce sia un maggior numero di parole in uno spazio ridotto.

L'alfabeto, secondo il sistema Cima, prevede un numero di segni che sono pressoché uguali quando hanno lo stesso suono; ad esempio C e G, S e Z, V e F, LI e GLI si distinguono da un segno più calcato. La R si riversa sulla vocale seguente che diventa più marcata, il PER è un puntino e, a fine frase, il punto diventa una crocetta.

La H non esiste, dato che non si pronuncia, la Q comprende la U, si evita quasi sempre la I. Si saltano le vocali quando sono a fine parola e si mettono solo nei nomi propri, negli articoli e nelle preposizioni. Di seguito trovi alcune schede dell'alfabeto stenografico secondo il sistema Cima, con le principali desinenze. A questi simboli puoi aggiungerne altri di uso quotidiano.

UGUALE	=
DIVERSO	≠
PIÙ	+
MENO	-
AUMENTO, AUMENTA	↑
DIMINUIZIONE, DIMINUISCE	↓
CONTINUA	%
INFINITO	∞
CONSEGUE CHE, DI CONSEGUENZA	=>

SEGRETO n. 27: usa alcuni segni della stenografia per gli appunti, scriverai più nozioni in meno spazio.

vocali
a e i o u
ai io ei ue aiu
suoni liquidi
r l ll gli
luglio alle reale ira
suoni sibilanti
s z ss zz sc
perso solo essere razzo

suoni nasali

n m gn

nessuno unito sogno Nilo

suoni dentali

t d tt dd

altro sindrome sentito interrotto

suoni palatali

c(i) g(i) cc(i) gg(i)

giovane cielo roccia reagì

suoni gutturali

c(h) g(h) gu qu

guerra ago querce sicario

suoni labiali

p b pp bb

proprio piano ivi

suoni labiodentali

f v ff vv

fiamma vietato affetto infame

desinenze con L GL

plic blic blig

applico pubblico obbligo obbligazione

desinenze con S e Z

(a-e) ns (a-e) nz

ansia lenza senso alleanza

il TIR e il DIR finali di sillaba

tir dir

direttiva dirti adirato

desinenze con M

gramm gramm + R anagrammare

consonante R - come scrivere PER

per perbene persona

desinenza con R

tric (i) (h) (re)rebbe (re)rebbero

autrice lettrice dovrebbe meriterebbero

desinenza con COMUN

comun comun + R comune accomunare

UNA e composti

nessuno ognuno ognuna

forme verbali

ha ho è

desinenze semplici con segno di vocali

(i)tà ment issim esim-ism

tiv sion-zion (ti)tudin

esempi

età aumento testamento

istruzione lesione paganesimo

nazione attivissimo latitudine

povertà poverissimo fortissimo

preposizioni articolate con IN

in nella nei negli nelle

preposizioni articolate con SU

sullo sulla sulle sui sugli

preposizione articolate con A

allo alla ai agli alle

preposizione articolate con DI e DA

di dello dei degli delle

da dallo dai dagli dalle

preposizioni articolate con CON

con con-lo colle coi cogli

desinenze composte

ment-zion ______ zion-ment ______ issim-ment ______

tiv-tà ______ tiv-ment ______ tiv-issim ______

tiv-ism ______ tiv-zion ______ zion.ism ______

ta-tiv-ment ______

esempi:

alimentazione ______ rapidissimamente ______

perfezionismo ______ facoltativamente ______

qualitativamente ______ ostruzionismo ______

leggi questi vocaboli:

educ◡ adol◡ fra◡ detr◡

banal` natal` par` ver`

organ¯ imperial¯ capital¯

ov´ oscur´ accost´ accad´

simil´ mol´ sol´ al´

contin` adul◡ pur¯ sollec´

leggi questi vocaboli:

Un suggerimento che può sembrare contrario a tutto quello che ho detto finora: laddove si affronta una materia che per noi è veramente difficile, *facciamoci aiutare*! Magari è proprio quella materia che ci ha perseguitato alle superiori e che ci faceva star male ad ogni compito in classe.

Se hai sempre odiato l'inglese, la geografia o il diritto, e te le ritrovi come materie obbligatorie, non cambiare corso: affrontale con l'aiuto di chi te le può spiegare al meglio.

Io non mi sarei mai laureata se non mi fossi fatta aiutare per gli esami di Matematica e Statistica. Innanzitutto perché, avendo frequentato l'Istituto Tecnico, non avevo delle buone basi, e, inoltre, Statistica era una materia completamente nuova e, da sola, non sarei mai riuscita a comprenderla.

Magari scopri che la tua avversione era dovuta a un metodo di insegnamento poco valido e che ora, riprendendola in mano, quella materia non è più sgradevole e indigesta.

Appoggiamoci a chi ci può chiarire le basi di materie con le quali abbiamo delle difficoltà e ci può seguire nello studio. Un vicino di casa, un parente, un neolaureato. Non facciamoci limitare da un atteggiamento orgoglioso senza senso: è segno di intelligenza riconoscere di aver bisogno di aiuto.

SEGRETO n. 28: fatti aiutare nelle materie in cui non riesci da solo, sveltirai il tuo apprendimento.

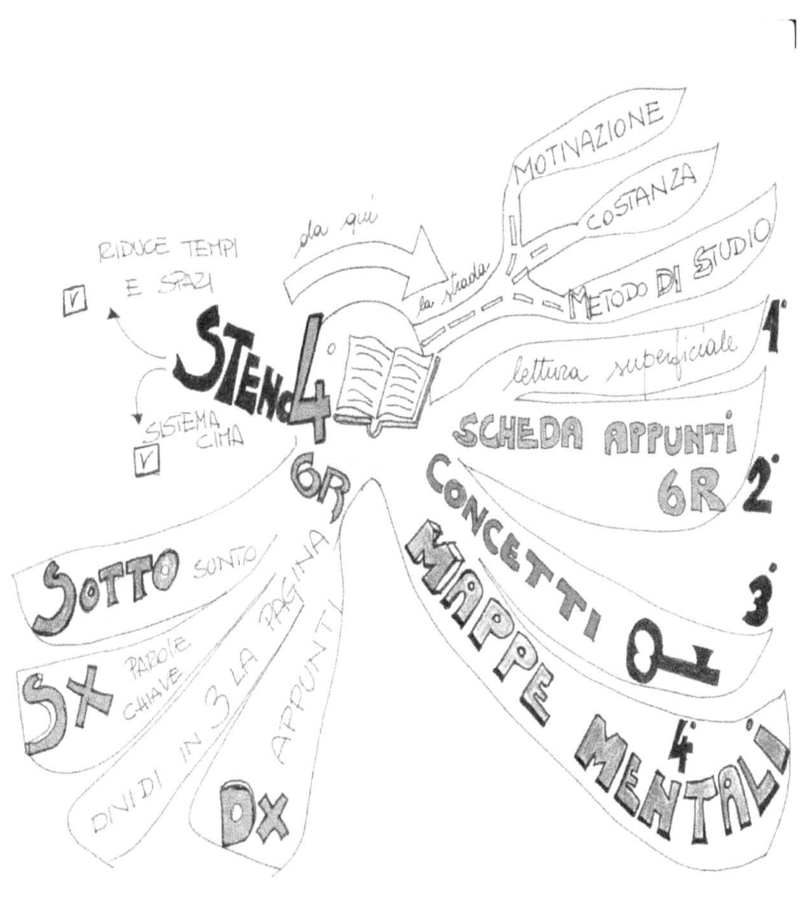

Mappa Mentale Capitolo 4

RIEPILOGO DEL GIORNO 4:

- SEGRETO n. 24: impara a studiare; stabilisci un metodo valido, armati di motivazione e costanza e riuscirai a studiare efficacemente.
- SEGRETO n. 25: la nostra memoria immagazzina concetti attraverso "impronte" che i concetti e i sentimenti lasciano su di noi; ma l'apprendimento non è uguale per tutti.
- SEGRETO n. 26: adotta il sistema Cornell di appuntazione con le schede che prevedono due fasi, una prima scrittura dell'argomento e una colonna di riassunto/punti chiave.
- SEGRETO n. 27: usa alcuni segni della stenografia per gli appunti, scriverai più nozioni in meno spazio.
- SEGRETO n. 28: fatti aiutare nelle materie in cui non riesci da solo, sveltirai il tuo apprendimento.

GIORNO 5:
Come costruire le mappe mentali

Una volta schematizzati gli appunti, *utilizza il sistema delle mappe mentali per elaborare dei super sunti.* Alla fine di ogni capitolo di questo ebook hai trovato un disegno e ti sarai chiesto se, per caso, non fosse uno schizzo di quelli fatti mentre si telefona… in effetti, lo sembra!

Si tratta, invece, di una delle mappe mentali che riassumono il contenuto dei capitoli così come lo vedo io. Probabilmente, anzi è sicuro, se le avessi disegnate tu sarebbero state diverse per forma, colori e disegni. L'inventore del sistema delle mappe mentali, apparse negli anni '60, è Tony Buzan. Troverai parecchi volumi scritti da lui sull'argomento, tra cui proprio *Mappe mentali*, interamente dedicatovi.

Queste mappe sono un sistema di organizzazione mentale su un argomento specifico che permette un processo cognitivo immediato e diretto. La loro efficacia si basa sulla diversa rappresentazione delle informazioni che vengono raffigurate nello stesso linguaggio utilizzato dalla nostra mente. Si riescono così ad assimilare istantaneamente molti concetti e a sintetizzarli in poche pagine.

SEGRETO n. 29: adotta le mappe mentali per collegare i concetti fra loro.

Il nostro cervello è diviso in due emisferi: il destro–creativo e il sinistro–razionale, che sono collegati da una membrana denominata "corpo calloso". Tale membrana trasmette informazioni da una parte all'altra del cervello ed è più sviluppata nelle donne (grande!!). È l'emisfero destro che si occupa dei movimenti che il nostro corpo fa in modo automatico: quindi dal battito del cuore alla respirazione, e così via.

Nel dettaglio, le differenze fra i due emisferi sono davvero tante; vediamole insieme una per una.

L'emisfero destro:

- elabora le informazioni a colori;

- è la sede della mente inconscia;
- elabora concetti di filosofia e religione;
- accetta il rischio;
- spazia nel presente e nel futuro;
- il suo pensiero è creativo, intuitivo, spaziale;
- la sua memoria è associativa e a lungo termine;
- capta informazioni attraverso disegni, immagini e gesti;
- percepisce le cose nel loro insieme;
- controlla la parte sinistra del corpo;
- svolge 64.000 attività contemporaneamente;
- è sede della creatività.

L'emisfero sinistro:

- elabora informazioni in bianco e nero;
- è concreto, vuole fatti e non parole;
- elabora concetti di matematica e scienze;
- preferisce andare sul sicuro;
- spazia nel presente e nel passato;
- il suo pensiero è logico, lineare e analitico;
- la sua memoria è ripetitiva, a breve termine;

- capta informazioni attraverso numeri, parole e logica;
- si focalizza sui dettagli;
- controlla la parte destra del corpo;
- svolge contemporaneamente cinque o nove attività.

SEGRETO n. 30: l'emisfero destro-creativo del nostro cervello è più recettivo di quello sinistro-razionale.

Quando ho incontrato le "mappe" per la prima volta è scoppiato un colpo di fulmine tra me e loro. Io *adoro le mappe mentali* perché sono colorate e possono essere disegnate in tutti i modi e con tutti gli strumenti possibili: penne, matite colorate, evidenziatori e pennarelli. Una vera meraviglia! Peccato che abbia buttato quelle dei primi anni di studio, altrimenti le avrei inserite nell'ebook: erano un incrocio tra un baobab e un polpo!

Le mappe mentali nascono per attrarre l'emisfero destro del cervello, che molti studi hanno rivelato utilizzato solo al 5 per cento delle sue potenzialità. Tony Buzan, l'inventore delle mappe mentali, afferma che il nostro cervello si autoalimenta e non è vero che si perde la memoria e la capacità d'apprendere con l'andar del tempo: semplicemente, se non la si esercita, si perde "la pratica". Se, invece, si continua a esercitarla, si espande a dismisura. Così come il nostro fisico, il cervello ha bisogno di ginnastica!

SEGRETO n. 31: la mente va tenuta in allenamento perché non perda le sue capacità.

Ecco perché le mappe non possono essere "solamente" scritte, ma devono essere visualizzate e osservate, perché realmente incidano sul nostro emisfero destro. Le caratteristiche principali delle mappe mentali sono le seguenti:

- aiutano a prendere appunti in modo veloce, evidenziando le connessioni tra i concetti;
- permettono di ricordare i concetti attraverso immagini, colori, albero gerarchico, disposizione spaziale e radiale.

Inoltre esse sono:

- *gerarchiche*: a partire dalla radice i rami diventano man mano più sottili. I rami che si dipartiranno dal nucleo sono quelli principali, e poi si biforcheranno e ramificheranno in altri, via via che si scende nel dettaglio dell'argomento. La direzione deve essere sempre verso l'esterno e non deve tornare verso il centro. La loro lunghezza dipenderà dalla parola scritta sopra, ovvero, ad esempio, il ramo di *mappe mentali per lo studio* sarà più lungo del ramo *schemi*;

- *concentriche*: si sviluppano in modo radiale;

- *creative*: per comporle si usano elementi che colpiscano il nostro immaginario visivo;

- *evocative*: grazie a disegni e colori ci evocano associazioni di idee. Si consiglia di usare diversi colori, o differenziando i rami dai sottorami o dando un colore specifico ad ogni ramo e suo derivato. Se l'argomento ne dà la possibilità bisognerebbe disegnare l'oggetto di cui si tratta, invece che scriverlo;

- *generatrici di idee*: attraverso tutte le caratteristiche già descritte mettono in moto un processo organizzativo del pensiero.

Si costruiscono su fogli formato A4, o più grandi, messi in orizzontale per sfruttare maggiormente il campo visivo. Nel centro si inserisce l'argomento in un'area ovale e si stabilisce da dove partire con la ramificazione. È suggerito il senso orario, con partenza in corrispondenza del "mezzogiorno". Avremo, alla fine, una specie di polipo con un mare di tentacoli.

Qui sotto ho inserito due esempi di mappe mentali. Per ragioni di impaginazione sono in verticale e rimangono un po' schiacciate. La prima è l'esposizione della mia tesi di Laurea Specialistica sui *Principi Contabili IAS*, mentre la successiva schematizza i pro e i contro di un processo decisionale: viene infatti usata anche a questo scopo.

SEGRETO n. 32: le mappe mentali sono colorate, gerarchiche, concentriche, creative, evocative e generatrici di idee; si utilizzano per lo studio, ma anche nel mondo del lavoro, per semplificare procedure o schemi.

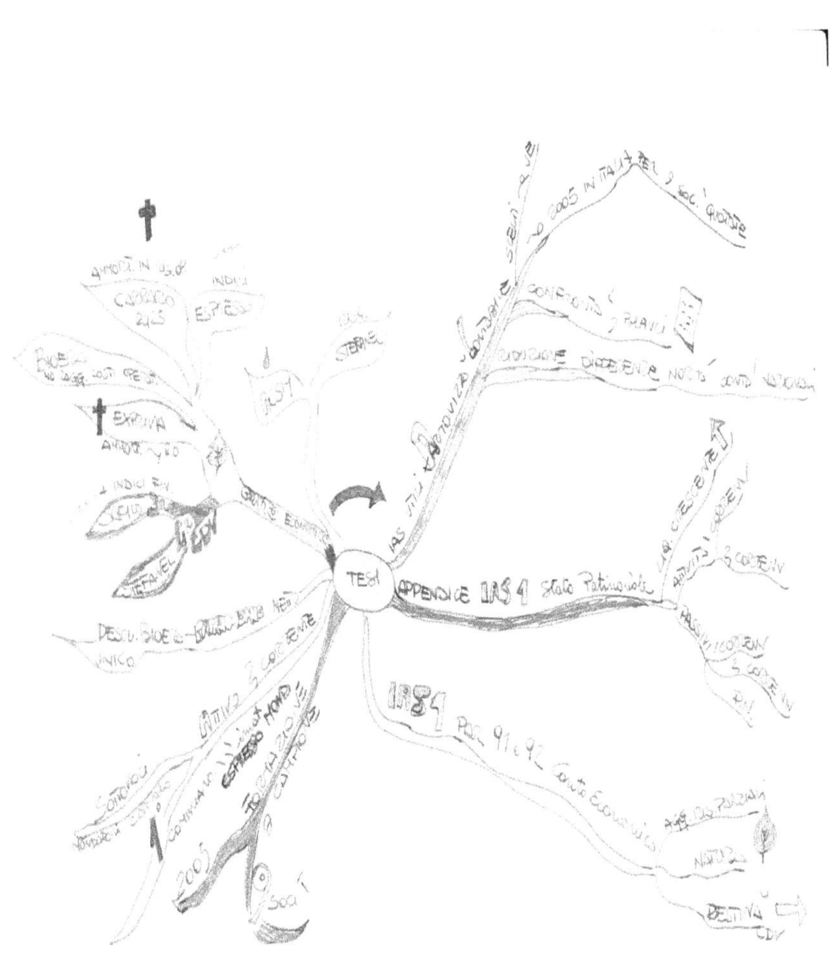

Mappa Mentale Tesi Specialistica

Scheda di semplificazione per mappa mentale–processo decisionale

nucleo	**CAMBIO CASA?**			
	A DESTRA			
	a favore della decisione			
rami	più grande	più tranquilla	ha il giardino	posso modificarla
sottorami	un bagno in più	meno auto	compro un cane!	allargo la cucina
	camera più comoda	meno rumore	faccio l'orto	ricavo un ripostiglio
	garage doppio			
	A SINISTRA			
	contro la decisione			
rami	trasloco	soldi	ambientarsi	più lontana dal lavoro
sottorami	stress	notaio	nuovi vicini	partire prima al mattino
	fatica fisica	nuovi mobili		

Mappa Mentale Processo Decisionale

Come hai visto, prima di creare la mappa mentale che riguarda un processo decisionale, in questo caso «Cambio casa?», ho fatto uno schema su carta per decidere cosa mettere nella "piovra" della mappa.

Individuati i due poli sui quali verte la decisione, ho stabilito quale posizione mettere a destra e quale a sinistra, poi ho suddiviso i vari argomenti in pro e contro. Di ogni ramo, poi, ho individuato uno o più sottorami. In ultimo sono passata a creare il disegno vero e proprio.

Se la materia da riassumere è molto vasta e articolata, con varie connessioni fra argomenti, conviene utilizzare questa traccia di schema che precede la mappa vera e propria. Prima della solita mappa riassuntiva che chiude questo capitolo, troverai uno schema "preparatorio" alla stessa.

Se comunque non abbiamo voglia di metterci, carta e penna, a disegnare la nostra mappa, esistono in commercio alcuni software già pronti, che ti possono aiutare a predisporla sul PC. Puoi scaricare il software FreeMind direttamente dal sito freemind.softonic.it: è gratuito e molto semplice da usare.

Le mappe create al PC sono utilizzabili per comunicare il proprio pensiero, progettare percorsi formativi, organizzare risorse delle attività e dei tempi, e sono di supporto alla memorizzazione dei concetti.

Sono meno colorate e fantasiose di quelle costruite a mano ma hanno il vantaggio di essere scambiabili (anche via mail), archiviabili, di poter essere implementate in momenti successivi ecc.

SEGRETO n. 33: esistono software per elaborare mappe mentali al computer.

Di seguito, allego qualche esempio di mappe prodotte con questo software.

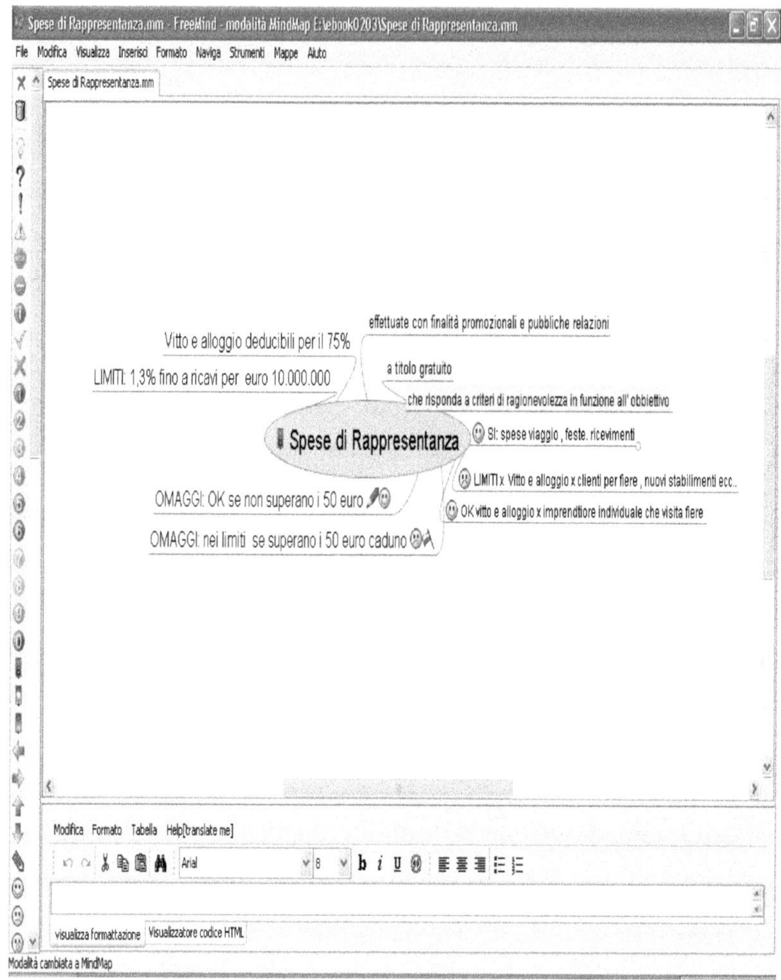

Mappa mentale su un nuovo trattamento delle spese di rappresentanza.

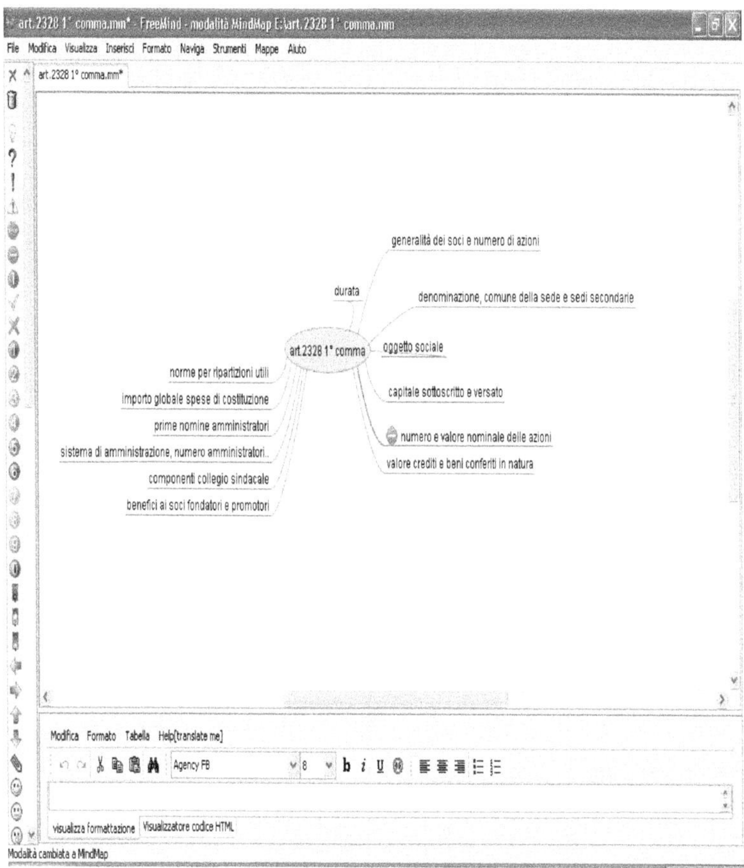

Mappa mentale relativa all'articolo 2328, 1° comma, del Codice civile.

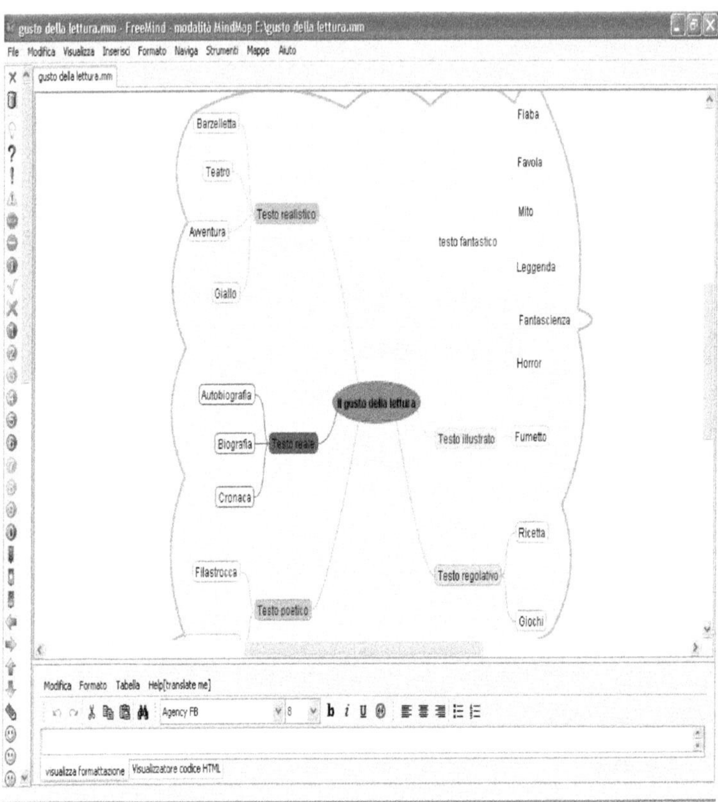

Mappa mentale sul "gusto della lettura" fornita dal programma FreeMind. Disegna ora una mappa mentale di quello che ti impegni a fare per laurearti.

Mappa Mentale Capitolo 5

RIEPILOGO DEL GIORNO 5:

- SEGRETO n. 29: adotta le mappe mentali per collegare i concetti fra loro.
- SEGRETO n. 30: l'emisfero destro-creativo del nostro cervello è più recettivo di quello sinistro-razionale.
- SEGRETO n. 31: la mente va tenuta in allenamento perché non perda le sue capacità.
- SEGRETO n. 32: le mappe mentali sono colorate, gerarchiche, concentriche, creative, evocative e generatrici di idee; si utilizzano per lo studio, ma anche nel mondo del lavoro, per semplificare procedure o schemi.
- SEGRETO n. 33: esistono software per elaborare mappe mentali al computer.

GIORNO 6:
Come sostenere gli esami

Bene, ora ci siamo. Questo è l'argomento più spinoso, ovviamente, perché tutto il lavoro precedente è inutile se poi non si affrontano bene gli esami. Innanzitutto, decisi gli esami da affrontare, devi recuperare il materiale su cui studiare. Sul sito della facoltà trovi, anche per le lauree tradizionali, le indicazioni del docente. Ti conviene, comunque, contattarlo telefonicamente, via web o, meglio ancora, facendo un salto nelle ore di ricevimento o di lezione.

Può essere possibile, infatti, che decida di integrare il testo con fotocopie, parti di altri libri, suoi appunti, articoli di riviste tecniche, giuridiche o quant'altro. La cosa migliore è andare di persona per due buoni motivi: sia perché così inizi a "vedere" chi è il professore/professoressa del corso, sia perché puoi eventualmente già fare un salto in biblioteca o in segreteria dove, spesso, vengono lasciate copie dei materiali didattici distribuiti a lezione.

SEGRETO n. 34: sul sito della facoltà trovi le indicazioni del docente sul materiale didattico; ti conviene, comunque, contattarlo telefonicamente, via web o, meglio ancora, facendo un salto nelle ore di ricevimento o di lezione.

In quella sede puoi prendere contatti con qualche studente frequentante, il quale potrà tenerti aggiornato sull'andamento del corso e sugli eventuali "compitini" di metà semestre ai quali puoi prendere parte.

Ho spesso incontrato *colleghi-studenti* molto disponibili nel fornire informazioni, materiale ecc. Qualsiasi cosa ti offrano, prendila, perché è sempre un pezzettino in più che tu non hai, anche se fosse solo un ritaglio di giornale distribuito a lezione. Se il docente si è preso la briga di fotocopiare il quotidiano economico per focalizzare l'attenzione dell'aula su una certa problematica d'attualità, chissà che non salti fuori quella domanda o un'altra simile?

Ricordo, in particolare, ciò che successe in occasione di un appello; arrivo, mi siedo davanti al professore e lui mi chiede, come prima domanda, che lavoro svolgo. A quel punto abbiamo iniziato a commentare la riforma pensionistica che era in discussione in quei giorni; poi mi ha fatto una domanda di prassi sul testo e l'esame è terminato lì!

Per quanto riguarda gli appunti prestati, utilizzali con un grande "ma": è un prodotto elaborato da terzi, quindi non è detto che tu capisca appieno le nozioni così come riassunte da lui/lei; sono scritti a mano e può darsi che la calligrafia non sia del tutto leggibile; è probabile che sia saltata qualche lezione, e così via.

SEGRETO n. 35: utilizza gli appunti prestati facendo molta attenzione; essendo stati elaborati da altre persone, può darsi che non vadano bene per te.

Se, però, recuperi degli appunti leggibili, nei quali ti ritrovi, hai vinto un terno al lotto *perché entri veramente nella lezione*, così come un frequentante! Io ho avuto la fortuna, per alcuni esami, di avere a disposizione gli appunti di una ragazza molto brillante negli studi, che scriveva in modo chiaro e ordinato, tanto che non ho quasi aperto libro di quelle discipline: mi sono concentrata solo sugli scritti.

I libri di testo sono disponibili in biblioteca in molte copie e di solito una rimane in sola consultazione, per cui è sempre disponibile per gli studenti. Se la parte da studiare non supera il 25 per cento di tutto il volume, la puoi fotocopiare, in caso contrario devi procurarti il testo. Molte case editrici sono contattabili via internet e ti spediscono i libri a casa in un paio di giorni.

Fare conoscenza con i docenti è fondamentale non solo per i libri, ma anche per "farti vedere", cioè per non essere solo un volto all'esame. Se cominci a fare un salto il primo giorno di corso, poi vai a colloquio e mandi due mail, ti trovi più "addentro" alla materia, e ricordi al professore che esisti anche tu!

SEGRETO n. 36: prendi contatto con i docenti non solo per avere delucidazioni sulla materia, ma anche allo scopo di "farti vedere", cioè per non essere solo un volto all'esame.

Per quanto riguarda il "tempo" da dedicare ai contatti con

l'università, gli esami, le pratiche e quant'altro, se sei un lavoratore pubblico puoi chiedere di usufruire dei "permessi studio"; si tratta di un monte-ore annuale di permessi retribuiti assegnati agli studenti-lavoratori.

Chi più, chi meno, tutti noi abbiamo vissuto la classica "paura degli esami". Questa è una sensazione comune ad alcune situazioni spiacevoli, che si vivono in momenti della vita anche molto lontani dal percorso universitario. Come diceva Eduardo De Filippo: «Gli esami non finiscono mai», e aveva pienamente ragione. Quando si programma un colloquio di lavoro, si organizza un evento importante, si affronta l'esame della patente, la nostra tensione sale altissima e ci "agitiamo" al solo pensiero di quello che andiamo ad affrontare.

Quindi, anche se siamo più maturi o disinvolti degli *studenti-per-professione,* davanti a una prova d'esame l'emozione gioca comunque brutti scherzi. Alcuni hanno un vero e proprio blocco, a causa del quale non ricordano nulla di quanto hanno studiato, pur avendo utilizzato le migliori strategie di studio. Questo soprattutto agli orali, esami che danno luogo a un confronto diretto con il docente. *Penso che un po' di tensione sia comunque necessaria* prima degli esami. Ci rende più ricettivi e concentrati.

SEGRETO n. 37: chi più, chi meno, tutti noi viviamo la classica "paura degli esami"; è un timore fisiologico.

La prima mossa per poter sostenere l'esame, sembra banale, ma è *iscriversi nei tempi indicati*. Non ci si può presentare la mattina stessa dell'appello. In questo modo si viene avvisati se il professore ha un imprevisto e viene spostato l'esame. Solitamente l'iscrizione viene fatta online.

Soprattutto, ci vuole *una strategia di preparazione* e *una di attacco*. È a questo punto che ti giochi il tutto per tutto: a nulla sono valsi gli sforzi per studiare tanto, se non tiri fuori il meglio di te all'esame. Inutile negarlo: noi *studenti-lavoratori non frequentanti* partiamo svantaggiati nell'università tradizionale. Il docente ci ha visto pochissimo, se non per nulla, e la nostra conoscenza dell'argomento deriva solo da ciò che abbiamo saputo trarre dai libri. Tutto ciò ci scoraggia? Ovviamente no! La strada è un po' più in salita ma noi siamo "tosti".

Partiamo con la *tattica di preparazione*. Mancano ventiquattr'ore all'esame. Hai studiato, schematizzato, ripassato e hai fatto le mappe mentali di tutta la materia. Domani mattina alle 10 avrai l'appello. Scatta il "bollino rosso", ovvero sale l'adrenalina. Devi concentrare gli sforzi in queste ventiquattr'ore per ripescare in te il frutto dello studio di mesi e mesi.

La sera prenditi un'oretta e mezza (basta e avanza) e riguardati *tutte le mappe mentali*. La mattina, appena sveglio, rifai lo stesso. Ti accorgerai che ce l'hai come fotografate in mente e ripasserai tutto in molto meno tempo.

SEGRETO n. 38: occorre una tattica di preparazione, che ti coinvolga nelle ventiquattr'ore precedenti l'appello, per farti ripassare senza stressarti.

Utilizza pure qualche rito scaramantico, tutti ne hanno uno: fare colazione con *quel* tipo di alimento, mettere *quella* borsa o *quella* cintura, telefonare a *quell'*amico ecc. Il mio rito è sempre stato quello di arrivare molto presto alla caffetteria dell'università, bere un caffè e ripassare (per la terza volta in dodici ore) le mappe mentali in santa pace prima di entrare in aula. Poi un bel respiro e vai.

Qualcuno adotta anche delle tecniche di rilassamento, usando un certo tipo di respirazione o concentrandosi su pensieri positivi di passate esperienze. Non so darti consigli in merito: devi essere tu a capire cosa ti predispone al meglio per affrontare lo stress da esame. Concentrati sul fatto che vai a *riscuotere un premio* per il tuo impegno: hai studiato mesi, ora è il momento di dimostrare quanto sei riuscito ad apprendere.

Ovviamente un discorso particolare merita il *primo esame*, perché sarà quello che ti rimarrà impresso a vita. Quando vedrai il professore prendere in mano la penna e scrivere il voto sul tuo libretto capirai di avercela fatta! È inutile parlare d’altro: da quando apri il libro di una certa materia per la prima volta non fai che pensare al momento in cui sarai interrogato.

Ricordo che il mio primo esame è stato quello di Diritto Pubblico, sostenuto con un professore molto cortese e appassionato della materia. Ci aveva coinvolto nella sua attenzione per la

Costituzione fornendoci molto materiale e insistendo sull'importanza di alcune norme.

Era un sabato, e io ero l'ultima della lista. Essendo un esame del primo anno era molto affollato, e vedevo passare gli altri, uno per uno, prima di me. Ascoltavo le domande e mi dicevo: «No, io questa domanda non la saprei così bene... eh, no! Chiede tutti i *vizi*? Io non li ho ripassati, beh speriamo che non li domandi più...» e giù a risfogliare tutto il libro... e così via. Uno strazio!

Quando è venuto il mio turno ero *esausta* ancora prima di cominciare. L'esame è andato bene, ho preso 27, e uscita dall'università ho comprato i pasticcini prima di tornare a casa!

Quando faccio qualcosa che mi procura molto stress mi metto sotto la lingua e sui polsi qualche goccia di "Rescue Remedy". Sono gocce che combattono lo stress momentaneo, composte da un mix di Fiori di Bach; quindi si tratta di un rimedio naturale e la somministrazione può essere ripetuta dopo dieci minuti.

SEGRETO n. 39: usa i tuoi riti scaramantici abituali o

inventane di nuovi per questa esperienza universitaria.

Bene, ora parliamo della *strategia di attacco*. "Primo comandamento": è importantissimo andare ad assistere agli appelli precedenti al tuo. È la mossa fondamentale. Prenditi un giorno di ferie e mettiti in un angolo con carta e penna e orecchie ben aperte. Segnati le domande del professore e, sommariamente, le risposte. Scoprirai quali sono i punti fermi della materia che interessano maggiormente il docente e la risposta che gli fa piacere sentire. Solitamente, anche in esami che vertono su un numero di pagine non indifferente, vengono poste, più o meno, le stesse domande.

Prova a portele da solo elaborandoti delle risposte. Inoltre, *preparati un argomento a piacere*. Studia con particolare zelo la parte di programma che ti è piaciuta di più: alcuni esaminatori chiedono l'argomento a scelta, soprattutto se hai avuto difficoltà a rispondere alle domande precedenti; ma, se così non fosse, può anche capitare che te lo chiedano per caso.

Ascolta bene tutta la domanda, fai un respiro e inizia a

rispondere. Non partire come una macchinetta appena te la pongono. Se quando cominci a esporre pensi di non aver centrato l'argomento, fermati pure e ricomincia spiegando che ti sei confuso. Ricordo che, all'esame di Diritto Commerciale I, ero arrivata in aula trafelata, con il casco in mano mentre il professore leggeva il mio nome.

Butto casco, borsa, giacca e quant'altro su una sedia e vado alla cattedra. Mi viene rivolta una domanda su un argomento che conoscevo bene ma ero ancora agitata per il fatto che ero stata subito chiamata all'interrogazione. Inizio a esporre l'argomento, mi confondo… ci ripenso… poi rifletto un attimo e dico: *«Posso ricominciare tutto da capo? Ho studiato questo esame molto bene e non vorrei dare un'impressione sbagliata.»* Respiro, ricomincio, rispondo bene; poi altre due domande, e ho superato l'esame con un bel 28!

Se invece hai il dubbio di non aver capito esattamente la domanda, non ti disperare; dillo tranquillamente e, facendo riferimento al programma, chiedi se intendeva la parte X o la Y. Dimostrerai di padroneggiare sia la materia che il tuo *blackout* momentaneo.

Non ti far buttar giù da ciò che succede ai candidati che vengono interrogati prima di te! È possibile che tu ritenga che abbiano dato risposte giuste e che siano stati bocciati senza motivo; può anche essere così, ma tu mantieni la calma, il tuo esame te lo devi ancora giocare!

All'esame di Diritto Fallimentare la professoressa aveva gentilmente "fatto fuori" tre ragazze prima di me, e io mi stavo alzando per andarmene. Una delle tre era uscita in lacrime dall'aula! Poi mi chiamano, vado; non è stata una passeggiata, ma sono tornata a casa con un 25 sul libretto.

Per Economia Europea a Imperia, invece, il docente ti "rosola" per quaranta minuti, e più non sai una certa cosa, più insiste… Se viene interrogata prima di te una persona che non ha studiato molto, ti viene voglia di scappare! E se proprio non sai rispondere, dì sinceramente che non ricordi l'argomento: è più dignitoso che arrampicarsi sugli specchi per dare una risposta senza senso.

Portati sempre dietro il libretto e una penna: alcune volte le interrogazioni *orali* finiscono per essere *scritte* (non ho mai capito il perché) ed è meglio essere preparati. Non lasciarti abbattere se non c'è "simpatia" fra te e il docente o l'assistente: nel numero può, ovviamente, succedere. A me, per fortuna, è capitato raramente, ma una volta mi è venuta voglia di strozzarne uno!

Appello programmato da un mese, iscritta online, mi presento in aula alle 11 in punto e trovo un'altra ragazza non frequentante che doveva sostenere l'esame. Del professore nemmeno l'ombra. Andiamo in segreteria e ci dicono che non si è ancora fatto vivo, poi, per scrupolo, telefonano a Genova. Era ancora là, si era dimenticato dell'esame. Stava uscendo da una gravosa campagna politica per la sua città…

Rimandiamo l'appello alle 15 e gli diamo modo di arrivare a Imperia. Noi rimaniamo in facoltà a ripassare. Si presenta alle 15,30 con il telefonino in mano e continua la conversazione un altro quarto d'ora. Chiude il telefono con atteggiamento irritato e ci interroga tutte e due insieme per far prima.

Ci fa una domanda comune, riceve una risposta che non gli piace e inizia una sequela di ragionamenti sul fatto che l'università non è fatta per i non frequentanti, che *noi* non capiamo, non possiamo comprendere la complessità delle materie e che *a noi* non assegnerebbe mai una tesi. Penso di aver contato fino a 1000 o forse più, e chi mi conosce lo sa, per non mandarlo "a stendere", *e comunque gli ho detto che a lui la tesi non l'avrei MAI chiesta.*

Questo per dirti che devi mettere *tutto* in conto, anche un professore come questo, o uno più giovane di te. Fino a ora la tua è stata una strategia che ti sei giocato da solo, con e contro te stesso. Hai lavorato su volontà, costanza, memoria, organizzazione, metodo e determinazione. Qui entra in gioco il rapporto interpersonale, che, come sappiamo, ha variabili infinite. Cerca, soprattutto, di essere sicuro di te stesso, della tua preparazione e determinazione.

Guarda negli occhi chi ti interroga, sorridi, vestiti adeguatamente per un esame universitario ma senza strafare. Normalmente gli appelli si svolgono da seduti: il professore dietro alla cattedra e tu davanti. Portati una penna, o il testo, se pensi che ti aiuti a tenere le mani occupate. Le interrogazioni durano in media dai quindici ai venti minuti, anche se sembrano eterne. Talvolta l'esame comincia con qualche domanda che ti rivolge l'assistente per poi finire con il professore. Gli esami sono pubblici e chiunque può assistere: preparati, quindi, ad avere un pubblico che ti ascolta.

Presentati nel luogo e nell'ora indicati dal sito dell'università per lo svolgimento dell'appello e verrai chiamato ad alta voce quando sarà il tuo turno. Quando ti avvicini alla cattedra portati dietro il libretto. Mi raccomando, durante gli esami spegni il cellulare o, almeno, mettilo in modalità silenziosa.

Terminato l'esame il professore ti comunicherà il voto che intende assegnarti e dovrai dire se lo "accetti". Puoi sempre rifiutare se non lo ritieni adeguato alla tua preparazione. Ciò comporta il ripresentarsi a un altro appello e risostenere l'esame. Personalmente non ho mai rifiutato un voto, anche se era il minimo "sindacale" (18), perché anche quel misero voto mi era costato fatica e sudore e me lo tenevo stretto.

Ma questo è solo un consiglio. Se ritieni che potresti far meglio, rifiuta e ritenta. Fai solo attenzione a che non diventi un'abitudine: è vero che ristudiando la materia puoi migliorare la votazione ma ti blocchi nello studio di altro e, se l'esame ha delle propedeuticità, blocchi anche quelle.

Le interrogazioni scritte durano tra l'ora e l'ora e mezza, e, soprattutto all'inizio, questo tempo ti sembrerà poco. In effetti per alcuni appelli è proprio giusto, soprattutto se sei un *grafomane* come me. Quando hai il testo in mano dividiti il tempo per ogni domanda e mettiti l'orologio o il cellulare sul tavolo per controllare di rimanere nei termini. Se usi abitualmente la calcolatrice da tavolo, quella con il rotolo di carta, per intenderci, ti troverai male con quella tascabile. Ti conviene fare un po' di allenamento a casa, altrimenti ti troverai spiazzato, sia perché non hai il riscontro cartaceo dei numeri digitati, sia perché non sempre coincidono i tasti operativi.

All'esame di Ragioneria Professionale I mi sono comportata come Fantozzi: dovevo calcolare il totale di un mare di numeri, continuavo a schiacciare i tasti sbagliati e si annullava tutto... alla fine il professore mi ha visto disperata e mi ha detto che il totale contava poco: era il procedimento che gli interessava! Meno male!!

Il mio ultimo consiglio d'attacco è il seguente: non saltare le sessioni d'esame. Mi spiego; abbiamo visto che nell'anno accademico hai tre periodi precisi per dare gli esami: in inverno, in estate e in autunno. Sicuramente nel tempo che impiegherai per laurearti capiteranno degli imprevisti che fiaccheranno la tua volontà di studio, e potrai pensare: *«Questa sessione la salto; nel corso della prossima recupererò gli esami che non ho dato.»*

Questo è un grande errore, grandissimo. È come quando chi deve dimagrire dice: *«Oggi mangio di tutto, da domani comincio la dieta.»* Se hai un appello a breve, e qualche inconveniente ha bloccato la preparazione, riduci semplicemente gli esami che stai preparando, non buttare tutto alle ortiche. Se ne avevi in programma tre, fanne due o solo uno, ma fallo!!!

Hai studiato solo tre quarti del programma? Tentalo almeno, non [illegible] che non vada bene. Soprattutto se quello che ti ha bloccato [illegible]pazione ti farà un gran bene immergerti nello studio e "staccare" dai problemi. Se poi l'esame andrà bene (e di sicuro sarà così), questo ti farà vedere un po' di rosa in un periodo buio e assocerai l'università a un'isola riservata al tuo miglioramento personale.

Per finire, se ti capita di preparare un esame anche se non lo avevi programmato prima, *provaci*, tentar non nuoce. Durante il secondo anno della laurea triennale, a metà luglio, avevo appena finito di sostenere gli esami della sessione estiva che mi ero programmata. Telefono a una ragazza che frequentava i corsi per aver notizie su una materia e farmi prestare il libro di un esame che volevo sostenere a settembre. Lei, invece, mi incoraggia a provare l'appello di quello stesso esame già la settimana successiva.

Mi dice che è un argomento discorsivo e che basta leggerlo con po' attenzione per impararlo. Sulle prime ho pensato che non era proprio una cosa fattibile. Poi mi sono detta: «Ma perché no?» Sono andata a prendere il testo da lei e ho cominciato a leggerlo. Effettivamente non era una cosa complicata da imparare. Ho creato due schemi in fretta e furia e la settimana dopo mi sono presentata all'appello ottenendo un 25. Tutto ok e un esame in meno. Wow!!

SEGRETO n. 40: adotta una vera e propria strategia di attacco per superare l'imbarazzo di una risposta sbagliata, o un'antipatia con il professore.

Mappa Mentale Capitolo 6

RIEPILOGO DEL GIORNO 6:

- SEGRETO n. 34: sul sito della facoltà trovi le indicazioni del docente sul materiale didattico; ti conviene, comunque, contattarlo telefonicamente, via web o, meglio ancora, facendo un salto nelle ore di ricevimento o di lezione.
- SEGRETO n. 35: utilizza gli appunti prestati facendo molta attenzione; essendo stati elaborati da altre persone, può darsi che non vadano bene per te.
- SEGRETO n. 36: prendi contatto con i docenti non solo per avere delucidazioni sulla materia, ma anche allo scopo di "farti vedere", cioè per non essere solo un volto all'esame.
- SEGRETO n. 37: chi più, chi meno, tutti noi viviamo la classica "paura degli esami"; è un timore fisiologico.
- SEGRETO n. 38: occorre una tattica di preparazione, che ti coinvolga nelle ventiquattr'ore precedenti l'appello, per farti ripassare senza stressarti.
- SEGRETO n. 39: usa i tuoi riti scaramantici abituali o inventane di nuovi per questa esperienza universitaria.
- SEGRETO n. 40: adotta una vera e propria strategia di attacco per superare l'imbarazzo di una risposta sbagliata, o un'antipatia con il professore.

GIORNO 7:
Come preparare la tesi di laurea

Cos'è, in sostanza, la *tesi di laurea*? Chi non ha mai avuto contatti con il mondo universitario non ne ha idea. Ma ora te lo spiego. Si tratta di un lavoro simile a una maxi-ricerca, elaborato da te su indicazione di un docente. Quando vai a esporla, comunemente si dice che "discuti la tesi"; al termine della discussione la commissione ti assegna un voto che è *il voto*, cioè la valutazione finale del tuo percorso di studi universitari.

Andando con ordine, quale professore ti indica l'argomento che sarà oggetto della tua tesi? Dove cerchi il materiale? Quanto tempo hai per prepararla? Come la presenti? In che modo viene stabilito il tuo voto finale? Cosa succede durante la discussione?

Parliamo di una cosa per volta. Per quanto riguarda il professore, devi guardarti un po' intorno quando stai per cominciare l'ultimo anno. Vai a simpatia o a interesse per la materia insegnata o regolati in base ai voti presi (si dovrebbe dare preferenza alle discipline con voto maggiore).

Avvicina il professore che hai individuato e chiedigli di poter fare la tesi con lui. Diventerà il tuo *relatore*. Potrebbe anche dirti che non riesce a seguirti perché ha già troppe tesi in corso. Se invece accetta la tua proposta e hai già un argomento in mente, sottoponiglielo; altrimenti fatti consigliare da lui. Per alcune tesi occorre anche un *correlatore*, cioè un altro docente. In questo caso dovrai far riferimento anche a lui durante il tuo lavoro.

Sarebbe meglio che l'argomento fosse incentrato su qualcosa che ti appassiona o che almeno ti incuriosisce: in questo modo saresti più incentivato a fare del tuo meglio. Se il lavoro di tesi parte proprio da una tematica del corso del tuo relatore, riprendi in mano libro e appunti dell'esame in questione prima di cominciare.

Fatto questo, depositerai in segreteria un foglio in cui tu e il docente dichiarate di impegnarvi in questa scelta, indicando un titolo di tesi *di massima*. Questo accordo non è vincolante, e si può sciogliere se decidi di cambiare relatore; dandone, ovviamente, preavviso alla controparte.

SEGRETO n. 41: chiedi l'assegnazione della tesi a un docente che stimi o che insegna una materia di tuo interesse, sarà il tuo *relatore*.

Esistono due tipi di tesi: quella *di ricerca* e quella *compilativa*. La prima prevede un lavoro più impegnativo d'effettiva ricerca pratica o teorica su un argomento, con conclusioni proprie del laureando. La seconda è l'esposizione approfondita di una tematica già nota e sviscerata, attraverso una rassegna di scritti e pubblicazioni in materia.

L'assegnazione di una anziché l'altra ti indirizza già sulla quantità di impegno che dovrai spendere e sul voto si laurea che speri di ottenere. Dipende anche dal tipo di laurea che vai a preparare. In quella triennale, di solito, si assegnano tesi compilative perché sono concessi pochi CFU, ovvero crediti formativi, mentre nella magistrale si preferisce assegnare tesi impegnative perché sono attribuiti più CFU.

Per la scelta dell'argomento considera sia i tuoi interressi personali che il corso di laurea che stai terminando. Se hai già una buona media o non ti interessa un voto di laurea particolarmente alto, puoi limitarti a una tesi di tipo divulgativo, o a un argomento circoscritto, cioè che approfondisca un argomento noto. Non ti porterà un punteggio eccezionale, ma non ti farà neppure spendere troppo tempo.

Se invece ti vuoi e, soprattutto, ti puoi impegnare un po' di più, allora lanciati su qualcosa di ampio, ma senza esagerare. Quindi:

- argomento ampio: rischio di perdersi nelle ricerche e nell'elaborazione;
- argomento circoscritto: rischio di aver poco su cui lavorare e di fare un lavoro troppo corto.

Dai anche un'occhiata in giro per vedere su cosa vertono le tesi delle ultime sessioni: se presenti l'ennesimo buon lavoro sull'argomento X, *trito e ritrito*, la commissione non ne sarà entusiasta.

Il tuo fedele compagno di viaggio nella compilazione della tesi sarà il PC, sia per le ricerche in internet che per utilizzare il programma di videoscrittura. Se non hai una grande dimestichezza con Word comincia già a fare delle prove di impaginazione, numerazione pagine, formattazione ecc.; ti saranno molto utili.

SEGRETO n. 42: prendi confidenza con il programma di videoscrittura e con le varie opzioni che ti occorrono per stendere la tesi.

Attenzione alle fonti disponibili: se ti impegni su una materia la cui bibliografia è scritta in una lingua madre che non conosci bene, ti sarà difficile entrare in argomento o ti costerà parecchio in termini di traduzioni. Non fidarti dei programmi di traduzione automatica perché trattano il testo parola per parola e danno luogo a frasi senza senso.

Se pensi di avere un argomento di tesi particolarmente interessante per qualche azienda del settore, parlane con il relatore e concorda se conviene seguire quella strada. Sono molti i lavori di tesi che vengono poi "assorbiti" dal mercato del lavoro, che ha una gran necessità di studi e ricerche specifiche ma pochi soldi per effettuarle. Questo potrebbe essere un trampolino per una nuova carriera, e magari potresti pubblicare la tua tesi!

A volte sono le aziende stesse a "lanciare l'amo" per una certa ricerca, offrendo un corrispettivo in denaro. Talvolta anche gli enti pubblici sono interessati e propongono borse di studio. Solitamente queste informazioni sono pubblicizzate in facoltà o sul sito dell'ateneo.

Quando comincerai a muoverti per ricercare le fonti dovrai prendere in considerazione quanto è già stato pubblicato sull'argomento, per evitare doppioni o arrivare a "fantastiche" conclusioni, che in realtà sono già state ampiamente dibattute.

Armati di pazienza e inizia a girare nelle biblioteche, consulta riviste, siti tecnici e indagini scientifiche sulla tua materia. Quando inizi questo lavoro prendi nota delle fonti in un file che denominerai *bibliografia*. È più semplice fare questa lista durante la redazione della tesi che aspettare la stesura semi-definitiva.

Compila anche una *sitografia*, cioè un elenco dei siti dai quali hai tratto dati e tabelle. Esistono parecchi indirizzi web che forniscono strumenti di lavoro e ricerca e sono, per esempio, quelli della Comunità Europea, dei Ministeri e del Governo, di Organizzazioni non Governative, di Enti Territoriali ecc.

Questa è la sitografia della mia tesi specialistica:

SITOGRAFIA

www.eutekne.it

www.dialogonline.it/principi%5Fcontabili

www.aiaf.it

www.misterfisco.it/principi/principi.asp

www.ragioneria.com

www.cndc.it/CMS/home/jsp/home.jsp

www.europa.eu

www.studioripa.it

www.creberg.it

www.giuffre.it

www.ipsoa.it

www.ilsole24ore.com

www.deaprofessionale.it

www. accademiaaidea.it

www.acsm.it

www.assirevi.it

www.bioera.it

www.borsaitaliana.it

www.chl.it

www.cndcec.it

www.consob.it

www.deloitte.com

www.fasb.org

www.irdcec.it

www.fondazioneoic.it

www.gruppoespresso.it

www.iasb.org

www.iasitalia.it

www.iasplus.com

www.ifac.org

www.kpmg.it

www.liuc.it

www.milanofinanza.it

www.mondadori.it

www.pirelli.it

SEGRETO n. 43: procurati il materiale in biblioteca e sui siti internet specifici; comincia subito a registrare nella bibliografia e "sitografia" i documenti e i siti che consulti.

Leggendo e consultando tutta la massa di dati che ricaverai dalle fonti che consulterai, ti potrebbe venire in mente di spostare un po' il *focus* della tesi su un argomento simile o più particolareggiato. Proponilo al tuo relatore, è probabile che anche lui sia d'accordo con te.

Quando però hai stabilito su cosa concentrarti non farti più fuorviare da altre cose, e non disperdere la tua attenzione in mille rivoli di argomentazioni limitrofe. Comincia a mettere sulla carta (ovvero sul PC) un *indice* provvisorio.

Penserai che sia prematuro quando ancora non sai come raccapezzarti, ma vedrai che questo passo ti aiuterà moltissimo. Ed è la prima cosa che ti chiederà il relatore.

Ho preparato due tesi, una a fine laurea triennale e l'altra a conclusione della laurea specialistica. I miei relatori sono stati due docenti diversi, anche se facenti parte della stessa area di interesse.

Entrambi, dopo l'assegnazione, per prima cosa mi hanno chiesto di inviar loro l'indice!! A seguire, ti allego quello della mia tesi triennale.

LE IMMOBILIZZAZIONI SECONDO I PRINCIPI CONTABILI OIC n.16 e n.24

INDICE

INTRODUZIONE

CAPITOLO 1

IL PRINCIPIO CONTABILE 16

PARAGRAFO 1 - Aspetti definitori.

1.1 Definizione, caratteristiche e logiche di rilevazione.

1.2 La classificazione civilistica nello schema di bilancio.

1.3 La valutazione delle poste principali e i valori da iscrivere in bilancio.

PARAGRAFO 2 - Specificità sulle immobilizzazioni materiali in ambito OIC 16 .

2.1 Contributi in conto capitale, miglioramenti.

2.2 Oneri finanziari, cespiti non utilizzati.

2.3 Manutenzioni e riparazioni, pezzi di ricambio.

2.4 Perdita dovuta a eventi indipendenti.

2.5 Imballaggi da riutilizzarsi, cespiti complessi.

2.6 Rivalutazione, alienazione, ammortamento.

2.7 Terreni e fabbricati.

PARAGRAFO 3 - Casi particolari e rappresentazione delle immobilizzazioni materiali in bilancio e in nota integrativa.

3.1 Immobilizzazioni ricevute a titolo gratuito.

3.2 Cespiti completamente ammortizzati.

3.3 Le immobilizzazioni destinate alla vendita: collocazione in bilancio e valutazione.

3.4 Le principali informazioni da fornire in nota integrativa.

ALLEGATI al capitolo 1

Schede e Tabelle sulle immobilizzazioni materiali.

CAPITOLO 2

IL PRINCIPIO CONTABILE N. 24

PARAGRAFO 1 - Aspetti definitori.

1.1 Definizione, caratteristiche e logiche di rilevazione.

1.2 La classificazione civilistica nello schema di bilancio.

1.3 Contenuto delle voci principali.

1.4 Condizioni per l'iscrizione in bilancio.

1.5 Criteri di valutazione.

PARAGRAFO 2 - Specificità sulle immobilizzazioni immateriali in ambito OIC 24 .

2.1 Costi di impianto e di ampliamento.

2.2 Costi di ricerca, di sviluppo e di pubblicità.

2.2.a Costi di ricerca, di sviluppo.

2.2.b Costi di pubblicità.
2.3 Diritti di brevetto industriale e diritto di utilizzazione delle opere dell'ingegno.
2.4 Concessioni, licenze, marchi e diritti simili.
2.5 L'avviamento.
2.6 Altre immobilizzazioni immateriali.
2.6.a Il Software e i programmi informatici.
2.6.b Il sito Internet e il Dominio.
2.7 Immobilizzazioni in corso e acconti.
2.8 Immobilizzazioni di durata indeterminata.
PARAGRAFO 3 - Casi particolari e rappresentazione delle immobilizzazioni immateriali in bilancio e in nota integrativa.
3.1 Peculiarità delle immobilizzazioni immateriali.
3.2 Rappresentazione in Nota integrativa.
PARAGRAFO 4 - Casi pratici particolari relativi all' immobilizzazioni immateriali.
4.1 Caso 1 - Avviamento e stralcio di Costi capitalizzati.
4.2 Caso 2 - Rinuncia all'ammortamento per non operatività.
ALLEGATI al capitolo 2
Schede e Tabelle sulle immobilizzazioni immateriali.

CONCLUSIONI
BIBLIOGRAFIA
SITOGRAFIA

Dopo l'indice provvisorio impegnati nell'elaborazione dell'*introduzione*. Deve essere un breve scritto che spieghi:

- le motivazioni a redigere *proprio quella tesi su quell'argomento*;
- di cosa, inerente a quel tema, vuoi parlare;
- come intendi affrontare l'argomento;
- quali mezzi userai per elaborarlo;
- cosa ti proponi come obiettivo;
- la struttura del testo; e che, in più, dia qualche cenno sulle conclusioni.

Far bene indice e introduzione è più della metà del lavoro, anche perché è improbabile che i componenti della commissione di laurea leggano tutto il tomo contenente il tuo lavoro. Tutti coloro che scrivono una tesi lo sperano, perché è frutto di un bel po' di fatica; ma, tenendo conto della mole considerevole delle tesi e del numero delle stesse, ho qualche dubbio che lo facciano. Oltretutto i docenti facenti parte delle commissioni provengono da aree di interesse diverse.

SEGRETO n. 44: inizia il lavoro creando un indice, un sommario e un'introduzione.

Quindi la tua tesi dovrà avere un indice organico, esaustivo di ogni punto, e a seguire, una buona introduzione. Poi discuterai il tuo lavoro con competenza, dando prova di padroneggiarlo; hai tutte le carte in regola per vederti assegnato un buon punteggio di tesi.

Puoi dare all'introduzione e all'indice una numerazione in numeri romani e cominciare dal primo capitolo con i numeri arabi. All'interno della tesi il lavoro sarà diviso in *capitoli*, *paragrafi* e *sottoparagrafi*, assegnando ad essi numeri o lettere progressive. Alla fine della trattazione, come ultimo capitolo, inserisci le *conclusioni*.

In questa ultima parte svilupperai i risultati emersi dal tuo lavoro più approfonditamente di quanto hai fatto nell'introduzione, e, se riesci, inserirai delle prospettive o suggerimenti personali.

Per quanto riguarda la formattazione del testo, puoi chiedere indicazioni al relatore o alla segreteria. Di solito si preferisce un formato di questo tipo:

- non più di ventitré/venticinque righe a foglio tenendo conto delle note a fondo pagina;
- carattere Times New Roman o Courier New;
- 12/14 punti di ampiezza;
- interlinea 2;
- margini di 3 centimetri avendo cura di aumentare quello di sinistra per dare spazio alla rilegatura;
- note a fondo pagina di uguale carattere ma di minori punti di ampiezza e con minore interlinea;
- titolo capitolo e paragrafo di maggiori punti di ampiezza.

SEGRETO n. 45: dividi il lavoro in capitoli, paragrafi e sottoparagrafi; segui alcune regole base di formattazione.

Inserisco come esempio una pagina della mia tesi triennale per la quale ho scelto il carattere Courier New a 12 punti di ampiezza e l'interlinea doppia.

CAPITOLO 2

PARAGRAFO 2

2.1 COSTI DI IMPIANTO E DI AMPLIAMENTO.

In questa categoria di beni immateriali, confluenti nella voce B I 1, rientra una tale *varietà di spese* che non se ne può fare una trattazione esauriente, ma solo una compilazione dei più frequenti.

Sono oneri sostenuti in modo *non ricorrente* in precisi e caratteristici momenti della vita dell'impresa.

Sono costi direttamente sostenuti per:

a) La *costituzione della società* (consulenze per la formazione dell'atto costitutivo e relative tasse, consulenze per ottenimento di licenze..).

b) *La costituzione dell'azienda* (costi per disegnare e rendere operativa la struttura aziendale iniziale, spese per studi preparatori, ricerche di mercato, addestramento del personale[1] e simili[2].

c) *Ampliamento* della società e dell'azienda.

Le *note al testo* meritano un discorso a parte. Sono, infatti, un elemento molto importante, perché rimandano ad approfondimenti che darebbero lentezza allo scritto se inseriti nel corpo del testo. Ti permettono di specificare le fonti man mano

[1]Negli allegati la *scheda j)* illustra la capitalizzazione del costo di preparazione professionale di un dipendente di una società commerciale prima della sua fase operativa.

[2] Nella *scheda h)* vi sono i costi per la messa a norma dell'impianto elettrico, in quella *i)* i fitti passivi ante-apertura.

che citi dei testi. Le puoi anche inserire tutte a fine capitolo, ma è più immediato leggerle a fondo pagina. Il numero del loro riferimento va indicato in apice o alla fine della frase fra due parentesi tonde. È meglio iniziare ad ogni capitolo dal numero 1. *Per esempio* [3]

Le *note bibliografiche* sono il fondamento che dà corpo ai riferimenti di quanto inserisci nel testo, e saranno un sunto di quanto scriverai per esteso nella bibliografia. Nelle note inserirai nome e cognome dell'autore, titolo, luogo e data di edizione e numero di pagina in cui si trova il brano citato.

Le *citazioni* testuali del discorso di altri sono molto importanti perché avvalorano le informazioni presenti nel testo e sono una testimonianza del pensiero di colui al quale ti riferisci. Devono essere scritte fra virgolette e occorre riportarne esattamente la fonte.

Se per un argomento citi più volte lo stesso testo puoi scrivere "ibidem" (ibid.) cioè "stesso luogo". Se la fonte è uguale ma la

[3] **Nota a fine pagina.**

pagina diversa, scrivi opera citata (op. cit.) e la pagina di riferimento. Ovviamente non puoi usare questo sistema se si intercalano più testi.

Come inserire una nota in un testo Word? Ti posizioni col cursore dopo l'ultima lettera del termine di riferimento (se è una lunga citazione virgolettata sarà dopo l'ultima parola) e, dalla barra degli strumenti, scegli: *"inserisci", "riferimento", "nota a piè di pagina".*

A questo punto si aprirà automaticamente una finestra (Note a piè di pagina e di chiusura); clicca su "inserisci": vedrai scritto in apice il numero progressivo della nota e il cursore si posizionerà a fondo pagina.

Per chiarezza del lettore puoi anche inserire sotto il numero di pagina, cioè a *piè pagina, il titolo della tesi o il riferimento al capitolo*. Come in questo ebook trovi la scritta: *«Tutti i Diritti Riservati – Vietata qualsiasi duplicazione del presente ebook.»*

A seconda del tipo di tesi che vai a elaborare vorrai inserire grafici e/o tabelle, che sono un ottimo strumento per farsi capire meglio. Vanno numerate, corredate di didascalia e, se sono tante, devi predisporre un *indice delle figure*.

Le abbreviazioni tecniche e i simboli convenzionali utilizzati devono essere riportati in uno spazio apposito all'inizio o alla fine del lavoro, così come un eventuale *glossario*. Le appendici o approfondimenti stanno bene a fine testo.

SEGRETO n. 46: note bibliografiche, citazioni, glossario, simboli e indice delle figure sono elementi indispensabili per conferire chiarezza al tuo lavoro.

Di seguito inserisco alcune figure che ho utilizzato nella tesi e nella presentazione. Sono degli istogrammi sulle risultanze del lavoro di elaborazione di alcuni bilanci italiani quotati, che ho dovuto analizzare per darne una rendicontazione sul corretto utilizzo degli IAS (Principi Contabili Internazionali).

Figura 37. Risultanze Conto Economico.

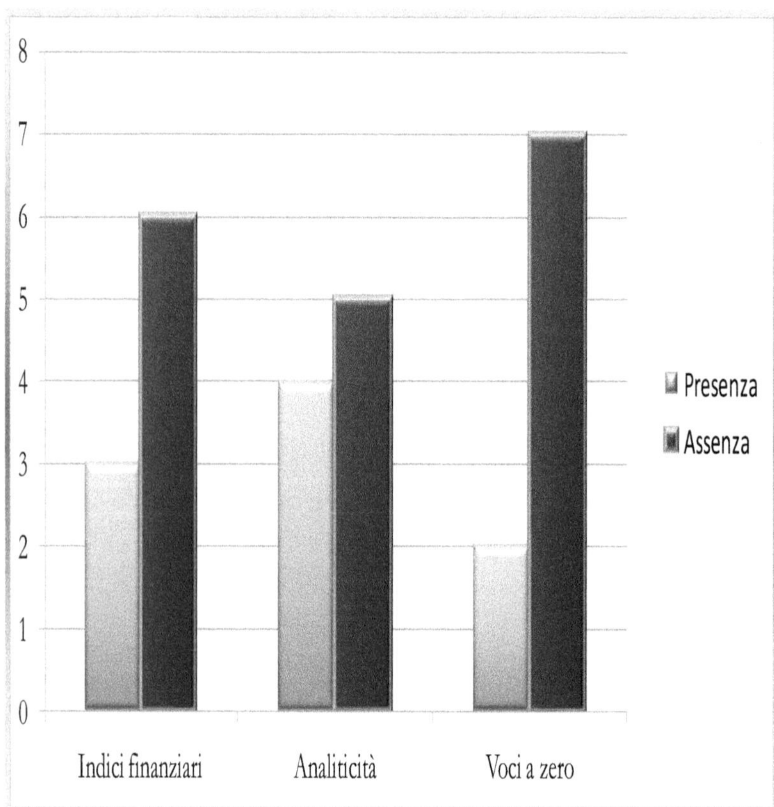

Scelte di redazione di bilancio nel Conto Economico.

Figura 38. Scelta schema di Conto Economico.

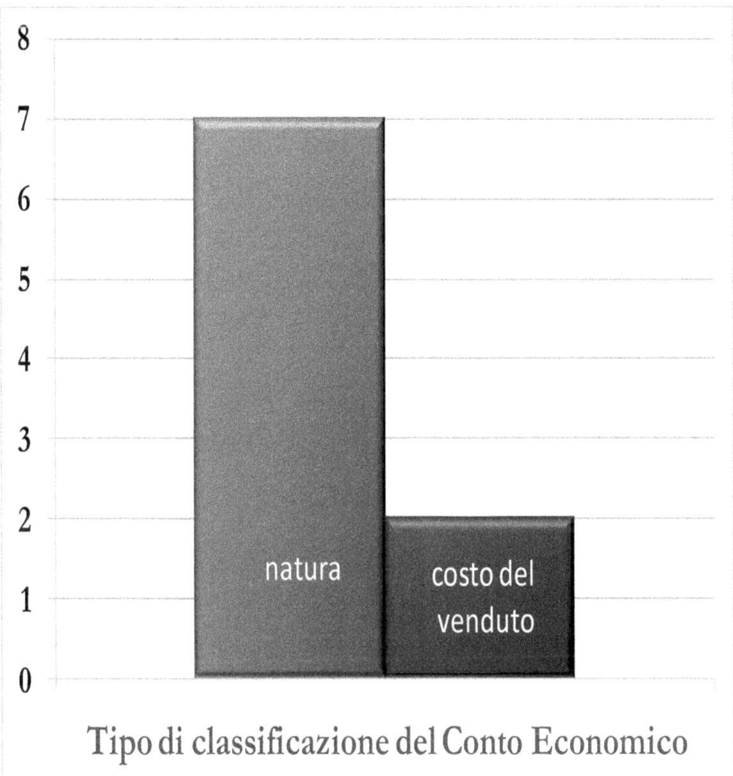

Differenza di classificazione sul campione di analisi.

Figura 27. Risultanze Stato Patrimoniale.

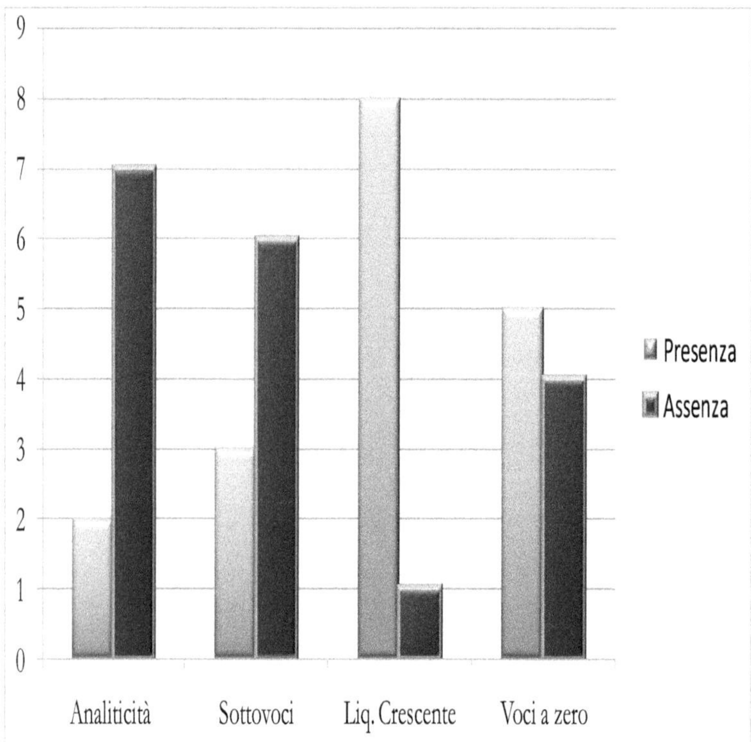

Scelta di redazione di bilancio. Stato Patrimoniale.

Questi stessi schemi sono stati riportati sul PowerPoint della presentazione, aggiungendone altri. Poi ti dirò come è andata!!

Lo stile di scrittura non ha regole ferree. L'importante è che tu:

- scriva in modo chiaro, con frasi brevi, senza troppi periodi sospesi;
- non usi superlativi o vezzeggiativi;
- non ti avventuri a sostenere con tutta certezza le tue conclusioni, ma usi frasi al condizionale su ciò che *pensi* di aver tratto dalla tesi;
- scrivi correttamente termini stranieri e latini/greci, in corsivo;
- non usi il **neretto**.

La *lunghezza della tesi* è da concordare con il relatore, ma se resti sulle 100-120 cartelle (cioè pagine) hai fatto già un buon lavoro. Dovrai sempre essere in contatto con il tuo relatore, portandogli i capitoli da leggere man mano che li finisci. È più semplice se comunicate via mail, così potrai allegare i tuoi file e lui li potrà correggere.

Io mi sono organizzata in questa maniera: quando cominciavo a lavorare seriamente alla stesura inviavo via mail un certo numero di pagine alla volta appena terminate; il relatore mi forniva alcune indicazioni, le correggevo, le rinviavo e, se andavano bene, le archiviavo procedendo oltre.

Come ultima cosa, compila la copertina che deve contenere i riferimenti dell'università, della facoltà, il tuo nome e quello del relatore. Puoi aggiungere una pagina di eventuali ringraziamenti a genitori, amici, parenti ecc. Io, per la verità, non ho ringraziato nessuno, ma avrei dovuto farlo, e ho inserito l'*incipit* di un libro che mi piaceva parecchio. Di seguito trovi la copertina della mia tesi specialistica.

UNIVERSITA' DEGLI STUDI DI GENOVA

FACOLTA' DI ECONOMIA

CORSO DI LAUREA SPECIALISTICA IN ECONOMIA EUROPEA, TRASFRONTALIERA E TERRITORIALE

TESI DI LAUREA SPECIALISTICA IN AMMINISTRAZIONE, CONTROLLO E STRATEGIE AZIENDALI IN AMBITO TRANSFRONTALIERO

I PRINCIPI CONTABILI IAS: NORMATIVA E PRIME APPLICAZIONI NEI BILANCI DELLE SOCIETA' QUOTATE

Relatore: Chiar.mo Prof. ERKDSMT DSFLTLLRDS

Candidata: Dott.ssa RAFFAELLA FENOGLIO

Anno Accademico 2007 - 2008

Se vuoi approfondire ancora l'argomento di questo capitolo, trovi molti manuali tra i quali spicca un famoso testo di Umberto Eco: *Come si fa una tesi di laurea*, edito da Bompiani.

Quando tutto, ma proprio tutto è stato fatto, e hai il via libera del tuo relatore, procedi alla stampa. Per l'università te ne occorreranno due o tre copie, dipende dalla presenza, o meno, del correlatore. Poi ti verranno restituite, quindi regolati se hai intenzione di regalarne una ad amici o parenti.

La tesi va rilegata, e ti assicuro che per trovare una rilegatoria a Sanremo ho girato una settimana!! Se invece hai l'occasione di andare vicino alla facoltà ne troverai parecchie molto organizzate. Scegli il colore di copertina e le scritte da imprimere. Anche la rilegatura può essere fatta via internet inviando il file e ricevendo per posta il volume.

Una quarantina di giorni prima della sessione di laurea dovrai andare in segreteria a depositare il libretto e il foglio di assegnazione della tesi, firmato dal relatore. Una decina di giorni prima dovrai consegnare le copie cartacee della tesi che ti sono state richieste, già rilegate, più una copia su supporto informatico.

SEGRETO n. 47: stampa e rilega la tesi nelle copie richieste dalla segreteria.

La *discussione della tesi* vera e propria dura dai dieci ai quindici minuti, e, in quel momento, *ti giochi una bella fetta di voto*. Devi prepararti un discorso globale sul tuo lavoro, con accenno alle premesse, sviluppo dell'argomento e spazio alle conclusioni. Davanti a te c'è la commissione esaminatrice e il tuo relatore, che ti aiuterà nell'introduzione e ti potrà dare spunti nell'esposizione.

Per aiutarti potresti prepararti una presentazione in PowerPoint che renderà meno banale il tuo lavoro. Sempre che non ti capiti ciò che è successo a me! Mi ero organizzata per esporre la tesi della laurea specialistica con un bel lavoro di slide e, non avendo mai usato quel programma, lo avevo anche studiato a fondo. Il giorno della laurea scopro che il mio PC non era compatibile con il proiettore dell'università!! Morale: se prepari una presentazione, fai una prova di compatibilità qualche giorno prima.

Dopo la discussione la commissione ti farà uscire per decidere quale voto assegnarti, dopodiché ti chiederanno di rientrare e ti comunicheranno la votazione.

Ma *come si calcola il voto di laurea*? È composto da tre fattori: il primo è l'equivalente in centodecimi della media dei tuoi voti curricolari, che di solito trovi nell'area dei siti universitari riservati agli studenti. A questa base la commissione può aggiungere un *tot* di punti (che dipende dal tipo di laurea) a seconda dello svolgimento della tesi e della tua esposizione.

SEGRETO n. 48: il voto di laurea è composto da tre elementi: la media dei tuoi voti curricolari, la tesi e l'esposizione.

E fino a qui ti ho parlato dei profili tecnici della laurea: tempi, modi, forme, stampe ecc., *ma quel giorno non sarà solo la conclusione dei tuoi studi: sarà la tua festa*!

Normalmente in aula trovi un fotografo accreditato dalla facoltà che ti immortalerà durante l'esposizione e alla lettura del voto finale. Comunque sei talmente "assorbito" dalla discussione che non ti accorgi neppure che ci sia. Dopo, se vuoi, ti puoi far fotografare con amici e parenti.

L'emozione che provi quando ti laurei è unica (per lo meno lo è stata per me), perché è il culmine di un percorso personale di sforzi, fatiche e anche gioie, che devi soltanto a te stesso. Per quanto chi ti sta vicino sia stato un prezioso alleato in questo cammino, l'impegno è stato tutto tuo. Per cui, goditi la gioia del momento!

Invita alla discussione amici e parenti: forse alcuni non avranno mai assistito a una sessione di laurea e sicuramente farà loro piacere vederla, oltre, ovviamente a voler esserti vicino per offrirti un sostegno morale. Immagina tutta la commissione che indossa le toghe, la sacralità del rito, la tensione palpabile dei candidati, i fotografi e i fiori; io ne ho un bellissimo ricordo!

SEGRETO n. 49: invita alla discussione amici e parenti, ti daranno un sostegno morale.

Alle mie lauree ci siamo ritrovati in tantissimi: marito e figlio, genitori, sorelle, zie, cognati e mia suocera arrivati da Roma e da Torino, i nipoti, gli amici... Beh, eravamo una banda, e quando hanno chiamato il mio nome abbiamo letteralmente occupato l'aula. Dopo ci siamo scatenati in foto e chiacchiere: ormai la tensione era passata, ed è diventata una festa.

Dopo la discussione, o alla sera, organizza una magnifica festa, di quelle dove nulla è lasciato al caso. Locale speciale, menù su misura, fiori, foto e torta. Divertiti e goditi la serata. Sulle bomboniere esistono varie scuole di pensiero, chi le ama e chi le odia: io le adoro e le ho preparate per entrambe le lauree. Ovviamente rosse, con confetti dello stesso colore. Riceverai molti regali di valore, e mi sembra bello dare un ricordo a chi ti ha pensato e supportato.

SEGRETO n. 50: dopo la discussione, o alla sera, organizza una festa e, se ti piacciono, fatti confezionare delle bomboniere rosse.

Bene, sei arrivato in fondo al tuo progetto e ora ti faccio la stessa domanda che hanno fatto a me molte volte: *«E adesso come occupi il tuo tempo? Sei talmente abituata a conciliare lavoro-studio-casa che ti sentirai disoccupata...»* Ma, in realtà, ci sono moltissime cose che ancora vorrei fare e imparare!

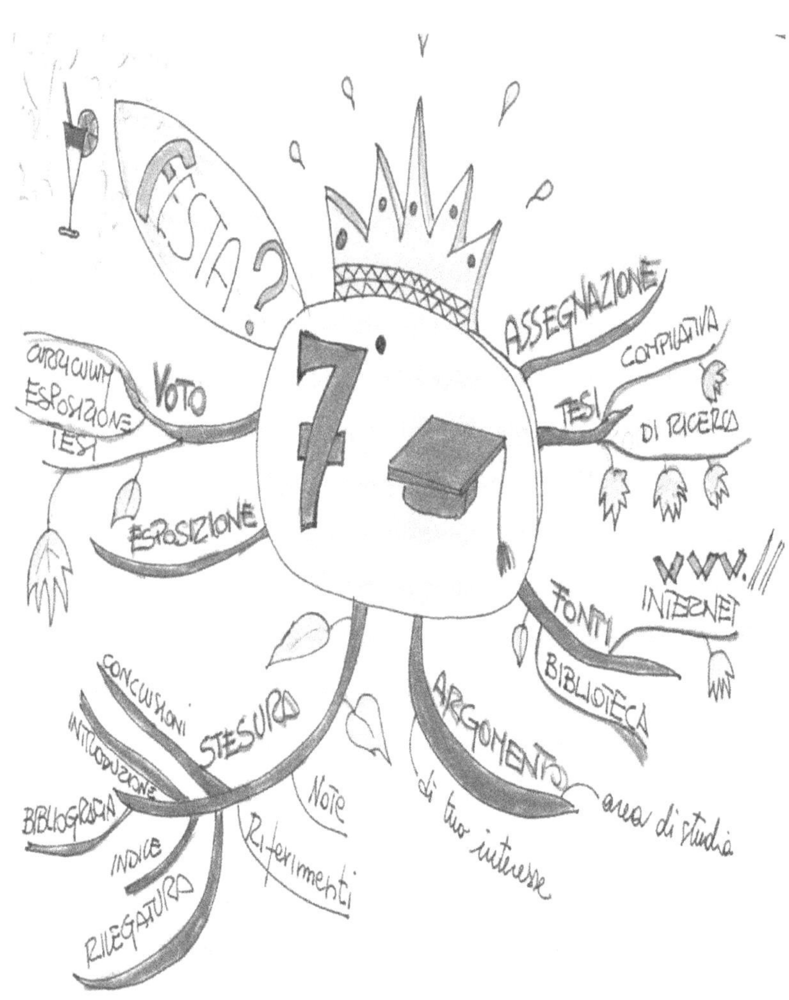

Mappa Mentale Capitolo 7

RIEPILOGO DEL GIORNO 7:

- SEGRETO n. 41: chiedi l'assegnazione della tesi a un docente che stimi o che insegna una materia di tuo interesse, sarà il tuo *relatore*.
- SEGRETO n. 42: prendi confidenza con il programma di videoscrittura e con le varie opzioni che ti occorrono per stendere la tesi.
- SEGRETO n. 43: procurati il materiale in biblioteca e sui siti internet specifici; comincia subito a registrare nella bibliografia e "sitografia" i documenti e i siti che consulti.
- SEGRETO n. 44: inizia il lavoro creando un indice, un sommario e un'introduzione.
- SEGRETO n. 45: dividi il lavoro in capitoli, paragrafi e sottoparagrafi; segui alcune regole base di formattazione.
- SEGRETO n. 46: note bibliografiche, citazioni, glossario, simboli e indice delle figure sono elementi indispensabili per conferire chiarezza al tuo lavoro.
- SEGRETO n. 47: stampa e rilega la tesi nelle copie richieste dalla segreteria.
- SEGRETO n. 48: il voto di laurea è composto da tre elementi: la media dei tuoi voti curricolari, la tesi e l'esposizione.

- SEGRETO n. 49: invita alla discussione amici e parenti, ti daranno un sostegno morale.
- SEGRETO n. 50: dopo la discussione, o alla sera, organizza una festa e, se ti piacciono, fatti confezionare delle bomboniere rosse.

CONCLUSIONE

Beh, se sei arrivato a questo punto dell'ebook vuol dire che qualcosa di questo argomento ha solleticato il tuo interesse. Certo, come ho detto, non è impresa da poco laurearsi dopo una certa età, ma le cose facili di solito non danno alcuna soddisfazione. Continuo a ripeterti che gli ingredienti fondamentali per riuscire a laurearti sono impegno, determinazione e strategie di studio. Non ci sono facoltà *impossibili*, se ti piacciono veramente.

Cosa posso ancora aggiungere? A me questo percorso di studi ha dato molto, non solo in termini di nozioni e titolo di studio. Da una scommessa con me stessa è nato il gusto di studiare, di ritagliarmi spazi miei, di conoscere e approfondire tematiche che mi interessano molto.

Soprattutto, al di fuori delle materie economiche e ragionieristiche, mi hanno attirato gli esami di Storia Economica, Storia delle Relazioni Economiche Internazionali e i vari esami di diritto comparato della laurea specialistica.

Comunque è bello sapere di essere nel bel mezzo di un progetto a lungo termine, e che anche quella mezz'ora di studio quotidiana è finalizzata a qualcosa di grande, altrimenti la giornata si limita a essere un contenitore di obblighi/incombenze/routine.

La laurea è un progetto che ti regala soddisfazioni già durante il percorso che porta a concretizzarlo, e ogni volta che superi una prova o un appello (e ne avrai molti) si rinsalda la voglia di andare avanti. Ogni esame sostenuto è una conquista, un passo verso la laurea. Verso la fine del mio percorso non mandavo più sms agli amici con il risultato degli esami, come facevo all'inizio, ma dei semplici "meno 4", e poi "meno 3" ecc. Una specie di *conto alla rovescia.*

Un'ultima cosa: non lasciarti abbattere dalle difficoltà che magari ora vedi fra te e la laurea. Affrontale una alla volta con determinazione. Ma soprattutto… mandami i confetti quando ti laurei!!